# Cahier de Français

6e

CYCLE 3

W0385971

**Clémence Fafa**
professeure de français et de FLS en UPE2A à Paris (75)

**Fabienne Haudiquet**
professeure de français au Mesnil-Saint-Denis (78)

**Laetitia Marcellesi**
professeure de français à Conflans-Sainte-Honorine (78)

**Prénom :** ..........................................................................................

**Nom :** ..........................................................................................

**Classe :** ..........................................................................................

Conforme au **Programme du cycle 3** (BO n° 31 du 30 janvier 2020), à **La grammaire du français - Terminologie grammaticale** (édition de juin 2021 réimprimée en janvier 2023) et aux **Repères annuels de progression pour le cycle 3** (BO n° 22 du 29 mai 2019).

Hatier

SOMMAIRE



# Grammaire

## Les classes grammaticales



## Les fonctions



## La phrase



# Conjugaison et emploi des verbes



 ISBN : 978-2-401-09696-7

## Orthographe



## Vocabulaire



## Expression écrite et orale



**ET EN NUMÉRIQUE** Pour l'élève **200 exercices interactifs et autocorrectifs signalés par** hatier-clic.fr/23c6

Écoutez le texte
hatier-clic.fr/23c64

C'est le lundi 3 octobre au matin, à six heures, que sonna le **grand** branle-bas. Lavé, frotté, récuré (je faillis **me** crever le tympan) et largement nourri de tartines beurrées, j'endossai mon veston **de** marin.

Nous partîmes mon père, mon frère et moi **vers** les sept heures et demie.

Mon cartable giberne[1], en tirant mes épaules en arrière, me faisait une poitrine avantageuse, et mes **talons** neufs claquaient sur le trottoir, **encore** encombré par les poubelles matinales.

Au bout d'un quart d'heure de marche, mon père me montra une immense bâtisse :

« Voilà le lycée[2] », me dit-il.

Au milieu de l'immense façade, sous de très vieux platanes plantés au bord du trottoir, je vis une foule d'enfants **et** de jeunes gens, qui portaient des serviettes de cuir sous leurs bras, ou des cartables dans leur dos. **Une** double porte, aussi haute qu'un portail de cathédrale, était entrebâillée.

Mon école me parut alors bien minuscule.

**Marcel Pagnol**, *Le Temps des secrets* (1960) © Marcel Pagnol / L'Eau des collines – Éd. de la Treille – Éd. Grasset & Fasquelle

1. **cartable giberne :** cartable ressemblant à une sacoche. 2. **lycée :** le collège actuel.

## 1 Précisez la classe grammaticale des mots en gras. 4 POINTS

1. grand : ..........
2. me : ..........
3. de : ..........
4. vers : ..........
5. talons : ..........
6. encore : ..........
7. et : ..........
8. une : ..........

## 2 Donnez la fonction grammaticale des mots ou expressions soulignés. 4 POINTS

1. à six heures : ..........
2. le grand branle-bas : ..........
3. beurrées : ..........
4. nous : ..........
5. une poitrine avantageuse : ..........
6. me : ..........
7. Au milieu de l'immense façade : ..........
8. minuscule : ..........

## 3 Conjuguez ces verbes du texte aux temps demandés. 3 POINTS

| | Présent | Passé simple | Plus-que-parfait | Futur simple |
|---|---|---|---|---|
| (il) faisait | .......... | .......... | .......... | .......... |
| (ils) portaient | .......... | .......... | .......... | .......... |
| (elle) était | .......... | .......... | .......... | .......... |

| | Passé composé | Imparfait | Plus-que-parfait | Futur simple |
|---|---|---|---|---|
| (il) sonna | ............................ | ............................ | ............................ | ............................ |
| (nous) partîmes | ............................ | ............................ | ............................ | ............................ |
| (je) vis | ............................ | ............................ | ............................ | ............................ |

**4** **Trouvez des mots de la même famille que le mot en rouge *portaient*, en ajoutant des préfixes et/ou des suffixes.** 1,5 POINT

..........................................................................................................................................

**5** **Dans le premier paragraphe, quels sont les mots montrant que le narrateur est un garçon ? Expliquez votre réponse.** 1,5 POINT

..........................................................................................................................................

..........................................................................................................................................

**6** **Justifiez la terminaison des mots encadrés en citant la règle d'accord qui s'applique.** 4 POINTS

1. matinales ..........................................................................................................................

..........................................................................................................................................

2. montra ..............................................................................................................................

..........................................................................................................................................

3. entrebâillée ........................................................................................................................

..........................................................................................................................................

**7** **Citez les mots appartenant au champ lexical de l'école des années 1960.** 2 POINTS

..........................................................................................................................................

**8** **Trouvez un synonyme et un antonyme de chaque mot.** 2 POINTS

| | Synonyme | Antonyme |
|---|---|---|
| récuré | ...................................................... | ...................................................... |
| immense | ...................................................... | ...................................................... |
| entrebâillée | ...................................................... | ...................................................... |

**9** **Racontez votre dernier jour de CM2, en utilisant les éléments suivants : le champ lexical de la tristesse, deux attributs du sujet, trois COD et deux compléments circonstanciels de temps, cinq adjectifs qualificatifs, l'imparfait et le passé simple.** 8 POINTS

..........................................................................................................................................

..........................................................................................................................................

..........................................................................................................................................

..........................................................................................................................................

**Ma note globale : ........../ 30**

- entre 0 et 10 points : bases à revoir
- entre 11 et 20 points : bases à renforcer
- entre 21 et 30 points : bases maîtrisées

# 1 Le nom

Exercices en +
hatier-clic.fr/23c66

**Anna** est dans le **jardin**. Mon **chien**, **Prince**, est très joueur.

- Le nom sert à désigner quelque chose : une **idée**, une **personne**, un **objet**, un **animal**...
  un **chat** une **table** **Molière**
- Les noms se répartissent en deux catégories :
  – le **nom commun** (généralement précédé d'un déterminant et commençant par une minuscule) ;
  la **plage** ce **bateau** les **fournitures** mon **père**
  – le **nom propre** (commençant par une majuscule).
  **Gustave Eiffel** la **France** **Vannes**
- Le nom varie en **genre** (masculin/féminin) et en **nombre** (singulier/pluriel).
  des **roses** (féminin, pluriel) un **enfant** (masculin, singulier)

**Vérifiez que vous avez bien compris la leçon :**
**complétez avec un nom propre et un nom commun.**

.......................................... a mangé toutes les .......................................... .

**1** **Soulignez les noms communs.**

1. le petit chaperon rouge
2. fille
3. Venise
4. grandeur
5. petit
6. maison
7. efficacité
8. vacances
9. guépard
10. Belgique
11. réalité
12. réaliser
13. nez
14. bravoure
15. Zeus
16. lampe

**2** **Soulignez les noms propres.**

1. belle
2. la Belle et la Bête
3. Marc
4. demain
5. jour
6. pluie
7. Nice
8. joie
9. arc-en-ciel
10. la Bretagne
11. Louis XIV
12. lenteur
13. truite
14. Noé
15. Lena
16. citation

**3** **Classez ces noms selon leur genre et leur nombre.**

canes • chevaux • jument • vacances • yeux • chêne • espèce • travaux • hémisphère

| masculin, singulier | féminin, singulier | masculin, pluriel | féminin, pluriel |
|---|---|---|---|
| .................... | .................... | .................... | .................... |
| .................... | .................... | .................... | .................... |

**4** **Dans ces phrases, soulignez les noms communs.**

1. J'ai acheté une nouvelle porte d'entrée. Il porte le prénom de sa mère.
2. Elle lit encore. Je veux changer mon lit.
3. J'adore les vacances à la ferme. Ferme cette porte !
4. Le cours de mathématiques est annulé. Où cours-tu ?

**5** **Rédigez deux phrases pour chaque mot : l'une où il sera un nom et l'autre où il sera un verbe.**

lance • rire • court • sens

1. lance→ ................................ ................................
2. rire → ................................ ................................
3. court→ ................................ ................................
4. sens → ................................ ................................

**6** J'APPLIQUE POUR LIRE **a. Encadrez le nom propre.**

**b. Soulignez les noms communs.**

Raiponce avait de longs et splendides cheveux fins et filés comme de l'or. Lorsque la voix de la magicienne lui parvenait, elle dénouait ses nattes, les passait autour d'un crochet de la fenêtre et les laissait tomber vingt pieds plus bas. Ainsi, grâce à ceux-ci, la magicienne pouvait grimper dans la tour.

**Jacob et Wilhelm Grimm**, « Raiponce » (1812), traduit de l'allemand par René Bories.

**7** J'APPLIQUE POUR DIRE **Un élève propose un nom, un autre l'emploie dans une phrase. Inversez les rôles régulièrement.**

**8** J'APPLIQUE POUR ÉCRIRE **Imaginez une épreuve où Raiponce va se servir de ses nattes contre un ennemi. Soulignez les noms communs et encadrez les noms propres.**

Un jour, le fils d'un roi passa et ................................................................

................................................................................

................................................................................

................................................................................

................................................................................

## DÉJÀ FINI ?

JEU **9** **Trouvez le nom dont il est question dans chaque couple de phrases.**

1. Il sert beaucoup au collège. C'est souvent une œuvre d'art. ................
2. Elle est mise à l'honneur dans les récits de sorcellerie. Elle cuit dans un four. ................
3. C'est un attelage de wagons. C'est une sorte de pelle de bois. ................

DÉFI ! **10** **Trouvez des noms d'objets, de villes, de végétaux, d'animaux et de personnages célèbres commençant par les lettres données.** 10 minutes

| Lettre | Objet | Ville | Végétal | Animal | Personnage célèbre |
|---|---|---|---|---|---|
| **A** | ........ | ........ | ........ | ........ | ........ |
| **N** | ........ | ........ | ........ | ........ | ........ |
| **P** | ........ | ........ | ........ | ........ | ........ |
| **V** | ........ | ........ | ........ | ........ | ........ |

# 2 Les déterminants

Exercices en +
hatier-clic.fr/23c68

**une** chaise **des** bonbons **ce** lit

● Les déterminants se placent **devant le nom**. Ils indiquent le **genre** et le **nombre** de ce nom.

| Déterminants | | Emplois | Exemples |
|---|---|---|---|
| **Articles définis** | le, la, les, l' | Avant un nom précis | **les** sacs<br>………………………… |
| **Articles définis contractés** | au (à + le), aux (à + les), du (de + le), des (de + les) | | un gâteau **aux** noix<br>………………………… |
| **Articles indéfinis** | un, une, des | Avant un nom non identifié | **un** ami<br>………………………… |
| **Articles partitifs** | du, de la, de l' | Désignent une partie d'un tout | **du** pain<br>………………………… |
| **Déterminants possessifs** | mon, ton, son, ma, ta, sa, mes, tes, ses, notre, votre, leur, nos, vos, leurs | Désignent le possesseur | **mon** professeur<br>………………………… |
| **Déterminants démonstratifs** | ce, cet, cette, ces, ce… -ci, ce… -là, | Désignent ce que l'on montre | **ce** livre<br>………………………… |

**Vérifiez que vous avez bien compris la leçon : complétez chaque case de la colonne de droite avec un nouvel exemple.**

Dans une **phrase négative**, l'article indéfini *des* devient *de*.

### 1 Complétez avec des articles.

**1.** Je prendrai …………… œufs pour …………… petit déjeuner.

**2.** …………… prunier …………… jardin de mon grand-père a donné …………… fruits magnifiques.

**3.** …………… visite …………… musée de …………… région est …………… activité très agréable.

**4.** Il n'y aura pas …………… feux d'artifice dans …………… journée.

### 2 Soulignez les articles définis contractés.

**1.** un emploi du temps

**2.** le cri des mouettes

**3.** un point au milieu du centre

**4.** l'entrée du collège

**5.** un gâteau aux pépites de chocolat et aux noisettes

### 3 Classez ces groupes nominaux selon le déterminant qui les précède.

du courage • de l'ambition • de l'eau • des œufs • du chocolat • des haricots • du vin • des biscuits • du pain • de la peinture • des cahiers

**Articles partitifs :** ……………………………………………………………………

**Articles indéfinis :** ……………………………………………………………………

**4** Complétez avec des déterminants démonstratifs.

1. .............. homme • ............... chemise • .............. fleurs • .............. maison • ........... vélos

2. .............. temps-............ • en ............ temps-.......... •............ hélicoptère • ............ hibou

**5** Complétez avec des déterminants possessifs.

1. Pendant .............. vacances, Amir s'est servi de .............. lunettes et de .............. chapeau.

2. Les parents ont emmené ................ enfants et .............. chien en pique-nique.

3. Je n'aime pas ....................................... idées.

4. ............... course est terminée car ................ chaussures ont craqué.

**6** J'APPLIQUE POUR LIRE **a. Soulignez les articles définis.**
**b. Encadrez les articles définis contractés. c. Surlignez le déterminant possessif.**

La petite sirène nagea jusqu'à la fenêtre du salon du navire et, chaque fois qu'une vague la soulevait, elle apercevait à travers les vitres transparentes une quantité d'hommes magnifiquement habillés. Le plus beau de tous était un jeune prince aux yeux noirs ne paraissant guère plus de seize ans. C'était son anniversaire, c'est pourquoi il y avait grande fête.

**Hans Christian Andersen**, « La Petite sirène » (1837), traduit du danois par Daniel Soldi.

**7** Complétez avec les déterminants appropriés.

................. soir, ................. papi va me raconter .............. histoire qu'il a lue dans ............ livre.
Il s'agit d' ................ conte avec ................... sorcière qui fabrique de .............. élixir magique.
Elle a mis dans .................. chaudron de ............... bave de crapaud, ................ crottes de souris
et .................. meilleur piment. J'en ai déjà .................. frissons !

**8** J'APPLIQUE POUR ÉCRIRE **Votre nouveau voisin vous fait visiter sa maison. Décrivez-la et soulignez les déterminants.**

..............................................................................................................................................

..............................................................................................................................................

..............................................................................................................................................

## DÉJÀ FINI ?

JEU **9** Trouvez les réponses de cette charade.

Mon premier est un déterminant possessif féminin. ..................

Mon deuxième est un article défini. .................. Mon troisième est une préposition. ..................

Mon tout est une laitue. ....................

DÉFI ! **10** Notez tous les déterminants que vous connaissez, dans le temps imparti et sans regarder la leçon.

5 minutes

| Articles définis | Articles indéfinis | Articles partitifs | Déterminants possessifs | Déterminants démonstratifs |
|---|---|---|---|---|
| | | | | |

# 3 L'adjectif qualificatif

Exercices en + hatier-clic.fr/23c610

une joie **profonde** une **petite** voiture

- L'adjectif qualificatif **précise** le nom auquel il se rapporte et se place **devant** ou **derrière** lui.
  un **bon** film une bouteille **vide**
- Il s'accorde en **genre** et en **nombre** avec le nom qu'il complète.
  une ogresse **cruelle** de **jolies** fleurs
- Un **participe passé** ou **présent** peut être employé en tant qu'adjectif qualificatif.
  mon chien **adoré** un garçon **charmant**

**Vérifiez que vous avez bien compris la leçon : complétez.**

**L'adjectif qualificatif**

**Place par rapport au nom**

..............................................

..............................................

**Rôle**

..............................................

..............................................

**Règle d'accord**

..............................................

..............................................

**Cas du participe passé ou présent**

Il peut ..................................

..............................................

**1** **Barrez les mots qui ne sont pas des adjectifs qualificatifs.**

1. rouge • sang • amusant • risible • vision • vrai • beauté • courir
2. heureux • pneu • vraiment • bel • réel • réalité • gaie • parfaite

**2** **Soulignez les adjectifs qualificatifs.**

1. Le jeune garçon est triste car il a malheureusement perdu sa finale.
2. J'aime la bonne confiture de fraises.
3. Cette cuillère argentée me vient de ma regrettée grand-mère.
4. Une soupe chaude de haricots verts m'attendait.
5. Son pull jaune à rayures vertes était assorti d'une jupe évasée blanche.

**3** **Enrichissez ces noms en ajoutant des adjectifs dont le nombre est précisé entre parenthèses.**

1. les éléphants (1) : ..............................................
2. le pain (2) : ..............................................
3. la table (2) : ..............................................
4. le jardin (3) : ..............................................

**4** **Formez des adjectifs qualificatifs à partir des noms donnés.**

1. occasion : ..........................
2. univers : ..........................
3. vision : ..........................
4. Italie : ..........................
5. joie : ..........................
6. sel : ..........................
7. douceur : ..........................
8. désert : ..........................
9. frère : ..........................

**5** **Formez des participes passés employés comme adjectifs à partir des verbes entre parenthèses.**

1. une fleur (*parfumer*) : ..........................
2. une leçon (*apprendre*) : ..........................
3. des surprises (*offrir*) : ..........................
4. les personnes (*apercevoir*) : ..........................

**6** **Remplacez les groupes de mots soulignés par un adjectif de même sens.**

1. la période de l'été : ..........................
2. un cheval qui a peur : ..........................
3. un jouet qui fait du bruit : ..........................
4. le paysage de la ville : ..........................
5. la cantine de l'école : ..........................
6. la vue du ciel : ..........................

**7** J'APPLIQUE POUR LIRE **Soulignez les adjectifs qualificatifs et encadrez les noms auxquels ils se rapportent.**

C'est une bibliothèque merveilleuse, admirablement montée, ouverte aux poètes jour et nuit, et desservie par de petits bibliothécaires à cymbales qui vous font de la musique tout le temps. J'ai passé là quelques journées délicieuses.

**Alphonse Daudet**, *Lettres de mon moulin* (1869), « La mule du pape »

**8** J'APPLIQUE POUR ÉCRIRE **Décrivez votre chambre idéale en utilisant au moins six adjectifs qualificatifs.** ..........................

..........................

..........................

..........................

## DÉJÀ FINI ?

JEU **9** **Complétez la pyramide avec les adjectifs issus des noms donnés.**

1. bonté
2. beauté
3. grandeur
4. proximité
5. méchanceté
6. étonnement

| | | | | | | | | |
|---|---|---|---|---|---|---|---|---|
| 1. | .... | .... | .... | | | | | |
| 2. | .... | .... | .... | .... | | | | |
| 3. | .... | .... | .... | .... | .... | | | |
| 4. | .... | .... | .... | .... | .... | .... | | |
| 5. | .... | .... | .... | .... | .... | .... | .... | |
| 6. | .... | .... | .... | .... | .... | .... | .... | .... |

DÉFI ! **10** **Trouvez le maximum d'adjectifs qui peuvent préciser les noms suivants.** 10 minutes

1. nez : ..........................
2. mer : ..........................
3. maison : ..........................
4. guépard : ..........................

# 4 Le groupe nominal

Exercices en + hatier-clic.fr/23c612

le grand méchant loup    le bel arbre du parc

- Le groupe nominal (GN) est un groupe de mots dont le **noyau** est un **nom**.
  **Les** [**enfants**] ont acheté **un** [**béret**] **rouge** pour **leur** [**grand-père**].
- Il est composé d'au moins un **déterminant** et un **nom** (groupe nominal minimal).
  le [train]
- Il peut être précisé par d'autres éléments appelés **expansions du nom** : adjectif qualificatif épithète et complément du nom.
  la [voiture] blanche de mon frère
  nom noyau — adj. épithète — compl. du nom

**Vérifiez que vous avez bien compris la leçon : complétez.**

Groupe nominal = d.................... + n..... n.................... + ex.................... (facultatif)

Pour trouver le nom noyau, posez cette question dans le groupe nominal : **de quoi parle-t-on** ?

**1 Soulignez le nom noyau de ces groupes nominaux.**

1. un monstre effrayant
2. une jolie fleur
3. un beau jeune homme
4. une petite maison ensoleillée
5. un long chemin de montagne
6. une passionnante histoire de vampires
7. une sirène ailée
8. le gros chat roux

**2 Dans chaque couple d'énoncés, soulignez le groupe nominal.**

1. Un petit chien joue. / Un petit chien joueur.
2. La grille ferme mal. / La grille de la ferme.
3. Des lampadaires allumés. / Des lampadaires sont allumés.
4. Une feuille froissée. / Léo froisse des feuilles.

**3 Complétez les groupes nominaux par un complément du nom.**

1. l'anniversaire ....................
2. le réchauffement ....................
3. un bateau ....................
4. un bonbon ....................
5. les inconvénients ....................
6. cette chaise ....................

**4 Soulignez les groupes nominaux et encadrez leur nom noyau.**

1. L'hiver, je n'aime pas sortir tôt de mon lit douillet.
2. Les spectateurs applaudissent les fantastiques artistes du cirque.
3. Les manches de mon pull doivent être recousues par ma grand-mère.
4. La biche court dans les champs, vers la forêt, pour échapper aux chasseurs.

**5** **Complétez ces groupes nominaux avec le nom noyau de votre choix.**

1. les .................................... de ma chambre
2. un petit .................................... de vacances
3. une .................................... en or
4. les .................... des cigales dans mon jardin
5. ces inoubliables .................... de printemps
6. d'anciens .................... de mon magazine

**6** **Remplacez les compléments du nom soulignés par un adjectif.**

Ex : un fruit <u>de saison</u> : saisonnier

1. la période <u>d'automne</u> : ..............................
2. une spécialité <u>de la région</u> : ..............................
3. les fournitures <u>d'école</u> : ..............................
4. un soleil <u>de printemps</u> : ..............................
5. un regard <u>de glace</u> : ..............................
6. le réchauffement <u>du climat</u> : ..............................

**7** J'APPLIQUE POUR LIRE **Soulignez les groupes nominaux et encadrez le nom noyau de chacun d'eux.**

La raison du plus fort est toujours la meilleure :
Nous l'allons montrer tout à l'heure.
Un Agneau se désaltérait
Dans le courant d'une onde pure.
Un Loup survint [...] qui cherchait aventure.

**Jean de La Fontaine**, *Fables* (1668), « Le Loup et l'Agneau »

**8** J'APPLIQUE POUR DIRE **Un élève donne un nom commun et un autre doit construire le groupe nominal avec au moins deux expansions.**

**9** J'APPLIQUE POUR ÉCRIRE **En vous promenant dans la forêt, vous rencontrez une fée. Racontez cette aventure, soulignez les groupes nominaux et encadrez les noms noyaux.**

..............................................................................................................................
..............................................................................................................................
..............................................................................................................................

## DÉJÀ FINI ?

JEU **10** **Les expansions (en gras) de ces groupes nominaux ont été mélangées. Remettez-les en ordre.**

1. un tableau ~~**joufflu**~~ ..............................
2. un bébé ~~**au bout du monde**~~ ..............................
3. une rivière ~~**gentille**~~ ..............................
4. un chat ~~**de Picasso**~~ ..............................
5. une grand-mère ~~**sinueuse**~~ ..............................
6. un voyage ~~**au pelage tacheté**~~ ..............................
..............................

DÉFI ! **11** **Décrivez votre animal préféré en utilisant au moins cinq groupes nominaux.**

..............................................................................................................................
..............................................................................................................................
..............................................................................................................................
..............................................................................................................................

# 5 Les pronoms personnels

Exercices en + hatier-clic.fr/23c614

**Je vous** invite. Ahmed court et **il** sera à l'heure.

- Les pronoms personnels de la **1re personne** désignent la **personne qui parle** (l'énonciateur). Les pronoms personnels de la **2e personne** désignent la **personne à qui l'on parle** (le destinataire).
  **Je te** donne ma clé.
- Les pronoms personnels de la **3e personne remplacent** un mot ou un groupe de mots.
  Nina cria puis **elle** s'évanouit. (*elle* remplace le nom *Nina*)
- Ils se répartissent en deux groupes :
  – les **pronoms personnels sujets** : *je, tu, il, elle, on, nous, vous, ils, elles*.
  – les **pronoms personnels compléments** : *me, moi, nous, te, toi, vous, le, la, les, l', lui, leur, elle, elles, eux*.
  **Il vous** aime. **Elles** sont chez **eux**. **Je te** regarde.

**Vérifiez que vous avez bien compris la leçon :**
**complétez avec des pronoms qui conviennent.**

............. avons acheté un livre. ........ est pour mon frère. ........ as choisi un papier cadeau.

## 1 Remplacez les expressions soulignées par un pronom personnel.

1. Sganarelle ........................... est un bûcheron et Martine .............................. est sa femme.
2. Les deux époux ............................ se disputent sans arrêt.
3. Sganarelle et moi .............................. sommes désolés.
4. Martine et toi ............................... êtes devenues amies.

## 2 Complétez avec les pronoms personnels qui conviennent.

1. .......................... ai demandé à Kélia si ............................. aimait notre collège.
2. Leur as-.............. demandé si ............................... venaient ce soir ?
3. ................................ a dit que ............................... devions demander à ses parents.
4. ................................ appellerez pour avoir une confirmation.

## 3 Classez ces mots dans le tableau.

je • un • il • mon • toi • tes • nous • des • ces • vous • aux • elle • les • me • ce • eux

*Le, la, les, l'* devant un nom ou un adjectif sont des **déterminants** ; devant un verbe ce sont des **pronoms personnels**.

| Pronoms personnels | Déterminants |
| --- | --- |
| ............................................................ | ............................................................ |
| ............................................................ | ............................................................ |

**4** **Soulignez les pronoms personnels sujets.**

1. Vous devriez arrêter de vous faire remarquer.
2. Je t'ai appelé hier, mais tu étais au travail.
3. Elles sont avocates et s'opposent à nous dans ce procès.
4. Je sais que tu lui as dit notre secret.

**5** **Réécrivez ces phrases en remplaçant les pronoms personnels soulignés par des groupes nominaux.**

1. Elle les lui apporta tout de suite. ..................................................
2. Nous les avons vues. ..................................................
3. Il la lui écrivit. ..................................................

**6** J'APPLIQUE POUR LIRE **a. Soulignez les pronoms personnels sujets.**
**b. Entourez deux pronoms personnels compléments.**

*Pour ne pas se faire gronder, Tom a recousu sa chemise déchirée. Mais Sid a montré à leur tante que Tom avait utilisé une couleur de fil différente.*

Sans ce maudit Sid, elle n'y aurait rien vu, pensa-t-il. Tantôt elle se sert de fil blanc, tantôt de fil noir. Je voudrais tout de même bien qu'elle se décide à employer soit l'un soit l'autre. [...] Je m'y perds. En attendant Sid va recevoir une bonne raclée. Ça lui apprendra.

**Mark Twain**, *Les Aventures de Tom Sawyer* (1876), traduit de l'anglais par F. de Gaïl © Mercure de France

**7** J'APPLIQUE POUR ÉCRIRE **Un surveillant intervient pour séparer deux élèves dans la cour. Rapportez leur conversation en soulignant les pronoms personnels utilisés. Chaque réplique commencera par un tiret.**

..................................................
..................................................
..................................................
..................................................

## DÉJÀ FINI ?

JEU **8** **Cochez la bonne réponse.**

| | vrai | faux |
|---|---|---|
| 1. *J'* est la forme que prend *je* suivi d'une voyelle. | ☐ | ☐ |
| 2. *Eux* est un pronom masculin à la 3e personne du singulier. | ☐ | ☐ |
| 3. *Elles* est un pronom féminin. | ☐ | ☐ |
| 4. *Nous* est un pronom uniquement masculin. | ☐ | ☐ |
| 5. *Lui* est un pronom de la 2e personne du pluriel. | ☐ | ☐ |

DÉFI ! **9** **Classez les expressions suivantes sur les nuages correspondant à leur classe grammaticale.** 5 minutes

aux • me • elles • des • Léo • chat • mon • une • ce • jardin • nous • nos • vos • vous • dîner • eux • mes • ces • ma • ses • tu • toi • chouette • sac • Eléa • lui • île • il

| Noms | Pronoms | Déterminants |
|---|---|---|
| .................................... | .................................... | .................................... |
| .................................... | .................................... | .................................... |

# 6 Le verbe

Exercices en +
hatier-clic.fr/23c616

Il **pourra venir**. Nous **mangeons** du crabe. Elle **est** astronaute.

- Le verbe sert à indiquer l'**action** que fait le sujet ou à indiquer l'**état** dans lequel il se trouve (grâce à des **verbes attributifs** : *être*, *devenir*, *sembler*…).
- Il varie en **personne**, en **temps** et en **mode**. Vous **marchiez** vite. **Partons** vite.
- Il appartient à un **groupe** :
  – verbes avec infinitif en *-er* (sauf *aller*) : **1er groupe**, plonger
  – verbes avec infinitif en *-ir* (présent de l'indicatif en *-issons*) : **2e groupe**, finir
  – autres verbes : **3e groupe**. croire, peindre

**Vérifiez que vous avez bien compris la leçon : complétez.**

| | Verbe | Infinitif | Action ou état ? | Groupe | Personne | Temps | Mode |
|---|---|---|---|---|---|---|---|
| Tu es grande. | ………… | ………… | ………… | ………… | ………… | ………… | ………… |
| Il part demain. | ………… | ………… | ………… | ………… | ………… | ………… | ………… |

**1** **Donnez l'infinitif des verbes.**

Un verbe peut être composé de **plusieurs mots** : *il a mangé*.

1. Nous aimons le chocolat. ……………………
2. Il a ri. ………………
3. Vous avez recousu ce bouton. ……………………
4. Ils sont drôles. ………………
5. Sa sœur est tombée. ……………………

**2** **Classez ces verbes.**

avoir • rire • jouer • finir • aller • bâtir • sentir • rougir • prendre • marcher • croître • mordre • sembler • amortir

| 1er groupe | 2e groupe | 3e groupe |
|---|---|---|
| ………………………… | ………………………… | ………………………… |
| ………………………… | ………………………… | ………………………… |

**3** **Complétez ce tableau.**

| Forme verbale | Groupe | Infinitif | Temps | Personne |
|---|---|---|---|---|
| 1. vous mordez | ………… | ………… | ………… | ………… |
| 2. ils finirent | ………… | ………… | ………… | ………… |
| 3. tu courais | ………… | ………… | ………… | ………… |
| 4. il pensera | ………… | ………… | ………… | ………… |

**4** J'APPLIQUE POUR ÉCRIRE **Décrivez un sportif. Utilisez des verbes d'action pour décrire le sport pratiqué et des verbes attributifs pour préciser ses qualités.**

……………………………………………………………………………………
……………………………………………………………………………………
……………………………………………………………………………………

# 7 Les mots invariables

Exercices en + hatier-clic.fr/23c617

**Autrefois**, **là**, il y avait un puits. **Aïe** ! Cela fait **toujours aussi** mal.

- Les mots invariables sont des mots qui **ne changent pas de forme**.
  avec ni zut lorsque sûrement
- Il existe cinq types de mots invariables :
  - les **adverbes**, vite, plus, super, vraiment…
  - les **prépositions**, à, dans, par, pour, en, vers…
  - les **conjonctions de coordination**, mais, ou, et, or, ni, car
  - les **conjonctions de subordination**, que, quand…
  - les **interjections**. oh !, youpi !…

**Vérifiez que vous avez bien compris la leçon : glissez les mots dans le bon coffre.**

maison • hors • quand • ranger • endroit • contre • à • un • sans • si • sol • passe

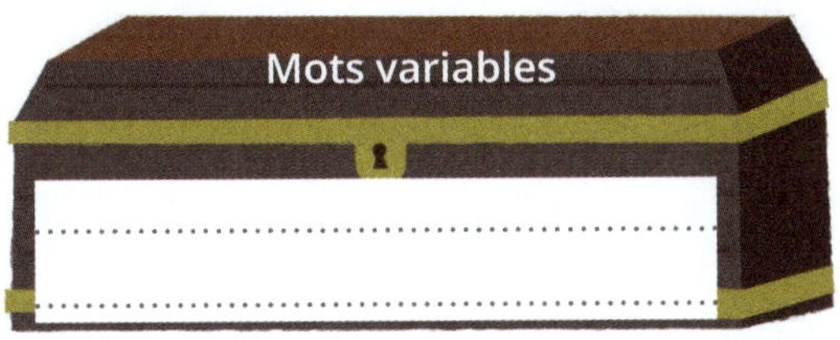


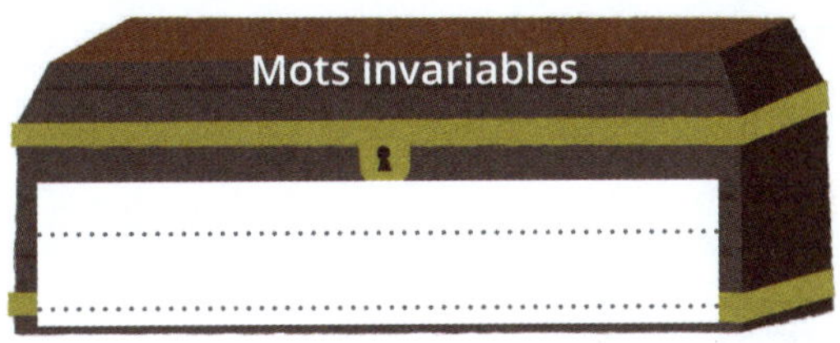


**1** **Complétez par une interjection.**

1. ........................ cette course est terminée.
2. ........................ il ne peut pas venir.
3. ........................ je n'ai plus mal à la tête.
4. ........................ j'ai gagné !

**2** **Soulignez les conjonctions de coordination.**

1. Tu devrais apprendre l'anglais et faire un séjour en Angleterre.
2. Mon frère aime les jeux de société mais moi non !
3. Il sortira ou il restera à la maison, selon le temps.
4. Il était invité, or il n'est jamais venu.

**3** **Soulignez les conjonctions de subordination.**

1. Tu devrais apprendre l'anglais puisque tu aimes cette langue.
2. Le chien a aboyé lorsque je suis arrivée.
3. Pierre pense que tu as raison !

**4** **Complétez avec des prépositions.**

1. Le père ........................ Rim travaille ........................ Kevin.
2. La famille part ........................ Paris ........................ aller ........................ Angleterre.
3. ........................ avoir de l'aide, il se tourne ........................ ses amis.
4. ........................ Ella, nous sommes allées ........................ nos cousins ........................ voiture.

# 8 BILAN Les classes grammaticales

Écoutez le texte
hatier-clic.fr/23c618

▶ Vérifiez que vous avez bien compris les Fiches 1 à 7 avant de traiter ce bilan.

Il était une fois un roi et une reine, auxquels il ne manquait rien pour être heureux que d'avoir des enfants. La reine était déjà vieille ; **elle** n'en espérait plus, quand elle devint grosse, et qu'elle mit au monde **la plus belle petite fille** qu'on ait jamais vue. La joie fut extrême dans **la maison royale**. Chacun s'empressa de chercher un nom à la princesse, qui exprimât ce qu'on sentait pour elle. Enfin on l'appela Aimée.

**Mme d'Aulnoy**, *L'Oranger et l'Abeille* (1697)

**1** **Quel nom est désigné par le mot en rouge *elle* (l. 2) ? Quelle est sa classe grammaticale ?** 2 POINTS

..........................................................................................................................

**2** **Quel nom est désigné par le mot en vert *l'* (l. 5) ? Quelle est sa classe grammaticale ?** 2 POINTS

..........................................................................................................................

**3** **Quel mot indique l'intensité de la joie ressentie à la naissance de l'enfant ? À quelle classe grammaticale appartient-il ?** 2 POINTS

..........................................................................................................................

**4** **Encadrez les verbes conjugués.** 6 POINTS

**5** **Recopiez le nom noyau de chaque groupe nominal en noir gras.** 2 POINTS

..........................................................................................................................

**6** **Précisez la classe grammaticale des mots soulignés.** 4 POINTS

1. un : ..........................................
2. pour : ..........................................
3. enfants : ..........................................
4. vieille : ..........................................
5. et : ..........................................
6. de : ..........................................
7. enfin : ..........................................
8 Aimée : ..........................................

**7** **Le lendemain, sept fées viennent accorder un don à la petite princesse. Racontez cette scène. Utilisez un verbe attributif, un nom propre, deux adjectifs qualificatifs, un adverbe et une conjonction de coordination.** 6 POINTS

..........................................................................................................................

..........................................................................................................................

..........................................................................................................................

..........................................................................................................................

..........................................................................................................................

JE SAIS IDENTIFIER LES CLASSES GRAMMATICALES

**Ma note globale : .........../ 24**

- entre 0 et 8 points : à consolider
- entre 9 et 16 points : maîtrisé
- entre 17 et 24 points : dépassé

9 La grammaire en JEUX

# Les classes grammaticales



▶ Faites ces jeux à votre rythme.

**1** MOTS CACHÉS **Retrouvez au moins dix déterminants dans la grille de gauche et huit pronoms personnels dans celle de droite.**

| | | | | |
|---|---|---|---|---|
| L | E | S | E | S |
| A | U | E | O | A |
| T | O | N | D | U |
| E | L | O | E | X |
| C | E | S | S | A |

Déterminants :
........................................
........................................
........................................
........................................

| | | | | |
|---|---|---|---|---|
| L | T | O | I | E |
| E | U | N | E | U |
| M | M | E | A | X |
| V | O | U | S | L |
| L | I | X | L | A |

Pronoms personnels :
........................................
........................................
........................................
........................................

**2** CHARADE **Trouvez la solution de cette charade.**

Mon premier permet de couper du bois. ........................................

Mon deuxième est une arme envoyée sur des ennemis. ........................................

Mon troisième est le pluriel de *œil*. ........................................

Mon tout est un adjectif qui désigne ce qui ne fait pas de bruit. ........................................

**3** PYRAMIDE **Trouvez les noms communs manquants.**

1. L'........... au trésor.
2. Des .............. d'artifice
3. Un ................ de Perrault.
4. L'................ du berger
5. Les ..................... de l'arbre

1. .... L ....
2. .... E U ....
3. .... .... .... .... ....
4. .... .... .... .... .... .... 
5. .... .... .... .... .... .... .... ....

**4** DEVINETTES **Complétez avec les mots des classes indiquées et retrouvez les titres des films de Charlie Chaplin, Hayao Miyazaki, Tim Burton, Steven Spielberg, Stephen Daldry, Ang Lee.**

1. Le vent (**verbe**) ........................................
2. Cheval (**préposition**) ............... (**nom commun**) ........................................
3. Miss (**nom propre**) ........................................ et les enfants (**adjectif**) ........................................
4. L'(**nom commun**) ........................................ de Pi
5. (**adverbe**) ........................................ fort (**conjonction de coordination**) ...............
(**adverbe**) ........................................ près
6. Les feux de (**article défini**) ............... (**nom commun**) .........................................

DÉFI ! **5** LE PETIT BAC **Trouvez un mot pour chaque classe grammaticale commençant par la lettre donnée.** 10 minutes

| | Nom commun | Nom propre | Adjectif | Adverbe | Verbe |
|---|---|---|---|---|---|
| A | .................... | .................... | .................... | .................... | .................... |
| C | .................... | .................... | .................... | .................... | .................... |
| P | .................... | .................... | .................... | .................... | .................... |
| R | .................... | .................... | .................... | .................... | .................... |
| V | .................... | .................... | .................... | .................... | .................... |

# 10 MÉTHODE Identifier les classes grammaticales

## ✔ Je cherche si le mot est variable ou invariable

ÉTAPE 1

| Mots variables (changent de forme : masc., fém. ; sing., plur.) | | Mots invariables (toujours la même forme) | |
|---|---|---|---|
| **Déterminants** | un/une/des, le/la/les | **Adverbes** | hier, ici |
| **Noms** | chat, chattes, chats | **Prépositions** | à, de, en, vers |
| **Adjectifs qualificatifs** | vieux, petit | **Conjonctions de coordination** | mais, ou |
| **Pronoms** | lui, elle, eux | **Conjonctions de subordination** | que, quand |
| **Verbes** | (ils) mangent, (nous) mangeons | **Interjections** | ha ! super ! |

## ✔ Je remplace par un mot de la même classe grammaticale ou très proche

ÉTAPE 2

| | | | |
|---|---|---|---|
| **Nom** | maison → cabane | **Verbe** | manger → mordre |
| **Déterminant** | des → un(e) | **Pronom** | je → eux ou le GN qu'il remplace |
| **Adjectif qualificatif** | petit → gros | **Conjonction de coordination** | ou → et |
| **Adverbe** | aussitôt → bientôt | **Préposition** | à → de, pour |
| **Interjection** | ah ! → chouette ! | **Conjonction de subordination** | quand → dès que |

## ✔ Je repère la place du mot dans la phrase

ÉTAPE 3

- *Le, la, l', les, leur, leurs* sont des **déterminants** s'ils sont suivis d'un adjectif ou d'un nom.
  **Le** joli petit coussin. J'ai acheté **leur** billet.
- *Le, la, les, l', leur* sont des **pronoms** s'ils sont placés devant un verbe.
  Je **le** regarde. Nous **leur** parlons.

## ✔ Je détermine la classe d'un groupe de mots

ÉTAPE 4

- Je cherche le noyau du groupe de mots. Le **noyau** est le mot le plus important du groupe, celui qui porte le sens.
  Je parle à [la nouvelle **voisine**]. → Le mot noyau est *voisine*.
- Si le mot noyau est un **nom**, le groupe de mots est un **groupe nominal**.
  Je sens [la petite **fleur** rose].
- Si le mot noyau est un **verbe**, le groupe de mots est un **groupe verbal**.
  Je [**joue** au ballon].
- Si le mot noyau est un **infinitif**, le groupe de mots est un **groupe infinitif**.
  Je veux [**obéir** à ma mère].

## JE VÉRIFIE QUE J'AI BIEN COMPRIS

**1** **a. Soulignez les mots variables et encadrez les mots invariables.**

Hier, nous avons regardé à la télévision un superbe concert.

**b. Parmi les mots en gras, soulignez les déterminants et encadrez les pronoms.**

Que font **les** amis de ta sœur ? Je **les** attends. Va **leur** dire que **leurs** goûters sont prêts.

## J'APPLIQUE LA MÉTHODE

**2** **Trouvez la classe grammaticale des mots en gras en cochant les bonnes cases.**

| | Avant un verbe | Avant un nom | Déterminant | Pronom |
|---|---|---|---|---|
| 1. **Le** téléphone est déchargé. | | | | |
| 2. Je ne **le** connais pas. | | | | |
| 3. Ils n'ont pas **leur** clé. | | | | |
| 4. Regarde **la** lune. | | | | |
| 5. Ils **la** voient. | | | | |
| 6. Je **leur** réponds. | | | | |

**3** **Indiquez la classe des expressions en gras après avoir souligné le nom noyau.**

1. **Ces fables amusantes** proposent **une morale utile.** ..........
2. **Cette situation comique** m'amuse beaucoup. ..........
3. Les petits enfants **mangèrent la maison en pain d'épices.** ..........
4. Barbe-Bleue interdit **à sa femme** d'ouvrir le cabinet secret. ..........
5. Nous prendrons l'autoroute du sud **pour aller chez ma grand-mère.** ..........

**4** **Remplacez les mots en gras par un mot de la même classe grammaticale.**

1. **Mon** cahier d'arts plastiques est le plus coloré de tous. ..........
2. Mon père **me** téléphone tous les soirs. ..........
3. **Oh !** Quel menteur ! ..........
4. Il est **extrêmement** tendre, comme le **prouve** son attitude. ..........
5. Il **prit la** chaise et la déplaça plus loin. ..........

**5** **Remplacez chaque mot en gras par un autre mot de même classe. Précisez cette classe.**

Au bout de cent **ans**, le fils du roi qui régnait alors, et qui était d'une autre famille que la princesse endormie, étant allé à la chasse de ce côté-là, demanda ce que c'était que **ce** château qu'il voyait au-dessus d'un grand bois **fort** épais. La plus commune opinion était qu'un ogre y demeurait, et que **là** il emportait les enfants qu'il pouvait attraper, pour pouvoir **les** manger à son aise, sans qu'on puisse le suivre dans le bois.

D'après **Charles Perrault**, *La Belle au bois dormant* (1697)

1. ans : ..........
2. ce : ..........
3. fort : ..........
4. là : ..........
5. les : ..........

# 11 Le sujet

Exercices en +
hatier-clic.fr/23c622

**Le chat** dort. **Les souris** dansent.

- Le **sujet** est un élément **obligatoire** avec un verbe conjugué (sauf à l'impératif). Il indique **de quoi** ou **de qui** on parle dans la phrase.
- Le **verbe** s'accorde en **personne** et en **nombre** avec le sujet. ▸ **Fiche 45**

  **Les élèves** entrent dans la classe.
- Sa **classe grammaticale** varie : nom, groupe nominal, pronom, infinitif, groupe infinitif...

  **Les enfants** jouent au foot. (groupe nominal) **Lire** est une passion. (infinitif)
- Il est placé généralement **devant le verbe** mais peut être **inversé** (placé derrière le verbe).

  Viendras-**tu** dîner ce soir ?

**Vérifiez que vous avez bien compris la leçon : complétez ces phrases.**

........................................ vont au stade.

Les chats (*sortir* au présent) ...................... la nuit.

Les bibliothèques (*fermer* au présent) ...................... le dimanche.

## 1 Soulignez les sujets dans les phrases suivantes.

Pour trouver le sujet, posez la question **qui est-ce qui ?** ou **qu'est-ce qui ?** devant le verbe.

1. Ces fleurs sont magnifiques.
2. Les petites abeilles ramassent du pollen.
3. Tous les samedis soirs, elles dînent ensemble.
4. Lire un roman me détend beaucoup.
5. Le petit chaperon rouge arriva chez sa grand-mère et le loup ouvrit la porte.
6. À quelle heure pars-tu ?

## 2 Encadrez les verbes conjugués et soulignez leur sujet.

1. Je vais nager ce matin.
2. Rima et Pauline partent tôt à l'école.
3. Pour Noël, Quentin, Nassim et Nina ont commandé un appareil photo.
4. Le mois prochain, iras-tu à la kermesse de fin d'année ?
5. Tes camarades et toi ferez votre exposé lundi prochain.
6. La jeune fille sortit de chez elle et courut attraper son bus.

## 3 Accordez les verbes (au présent de l'indicatif) avec leur sujet.

1. La Belle et la Bête (*finir*) .......................... par se marier.
2. Barbe-Bleue, revenu de son voyage, (*découvrir*) ............................ que sa femme lui a désobéi.
3. Tu nous (*mentir*) .......................... !
4. Valérie et moi (*aller*) ................................ à la piscine.
5. Au loin, (*se dresser*) ............................................ les arbres de la forêt.
6. Charles et toi (*être*) ............................................ de grands amis !

**4** **Complétez les phrases avec un sujet de la classe grammaticale indiquée.**

Ex : (**groupe nominal**) La fonte des glaciers fait monter le niveau de la mer.

1. Cette année, (**groupe nominal**) .................................................. aura lieu le 2 septembre.
2. (**Noms propres**) ........................................................ nous rendent visite cet après-midi.
3. (**Pronom**) ................ nous as bien eus !
4. Dans les arbres grimpèrent (**groupe nominal**) ........................................................ .

**5** **Recopiez les sujets et précisez leur classe grammaticale.**

1. Dans les lieux publics, fumer est interdit. ..................................................
2. Je vous défends de sortir ! ..................................................
3. Ce petit chien noir est un amour ; on a l'impression qu'il sourit tout le temps.
..................................................
4. La cliente les a longtemps examinés avant de les acheter. ..................................................

**6** J'APPLIQUE POUR LIRE **Soulignez les verbes conjugués et encadrez leur sujet.**

Le nombre des volcans en activité à la surface du globe n'est actuellement que de trois cents environ ; mais il existe une bien plus grande quantité de volcans éteints.

Or le Sneffels compte parmi ces derniers, et, depuis les temps historiques, il n'a eu qu'une seule éruption, celle de 1219 ; à partir de cette époque, ses rumeurs se sont apaisées peu à peu, et il n'est plus au nombre des volcans actifs.

**Jules Verne**, *Voyage au centre de la Terre* (1864)

**7** J'APPLIQUE POUR DIRE **Un élève propose un groupe verbal, un autre trouve un sujet. Inversez les rôles régulièrement.**

**8** J'APPLIQUE POUR ÉCRIRE **Vous racontez (au présent) votre entrée en 6e à votre meilleur(e) ami(e). Utilisez cinq sujets de classes grammaticales différentes.**

..................................................
..................................................
..................................................

## DÉJÀ FINI ?

JEU **9** **Trouvez la solution de cette charade.**

Mon premier dure 60 minutes. ................ Mon deuxième est la 9e lettre de l'alphabet. ........
Mon troisième est un chiffre. ................
Mon tout est le sujet de la phrase : .................................................. suit Orphée pour sortir des Enfers.

DÉFI ! **10** **Complétez ces phrases avec un sujet choisi parmi les étiquettes. Écrivez toutes les possibilités.** 10 minutes

vous | elles | mon frère et moi | toutes les deux | nous | Paul et toi

1. .................................................. sont entièrement d'accord.
2. .................................................. dites toujours la vérité.
3. .................................................. irons voir le coucher de soleil.

# 12 L'attribut du sujet

Exercices en +
hatier-clic.fr/23c624

Cette boîte est **petite**. Elles semblaient **heureuses**.

- L'attribut du sujet indique une **qualité du sujet**. Il **s'accorde** avec le sujet.

  Pénélope était **patiente**.
  sujet — attr. du sujet

- L'attribut du sujet est introduit par un **verbe attributif** : *être, paraître, sembler, demeurer, rester, s'appeler, devenir, avoir l'air, naître, mourir...*
- C'est un élément de la phrase qui **ne peut pas être supprimé**.
- Il peut être un adjectif qualificatif, un groupe nominal (GN), un infinitif...

  Le renard est **habile**. (adj.) Le chien est **un animal fidèle**. (GN) Le mieux est **de rester**. (infinitif)

**Vérifiez que vous avez bien compris la leçon : complétez le tableau avec les éléments des deux phrases.**

Ils sont punis. Elie et Kedar resteront seuls.

| Sujet | Verbe attributif | Attribut du sujet |
| --- | --- | --- |
| ........................ | ........................ | ........................ |
| ........................ | ........................ | ........................ |

**1** **Reliez chaque sujet/verbe à l'attribut du sujet qui convient. Aidez-vous des accords !**

1. Le chien paraissait •
2. Les bougies étaient •
3. L'orage devenait •
4. Le livre était •
5. L'homme deviendrait •
6. La forêt semble •

• violent
• parfumées
• profonde
• abîmé
• furieux
• avocat

Pour repérer l'attribut du sujet, il faut avoir en tête l'équation **sujet = attribut du sujet**.

**2** **Soulignez les attributs du sujet dans ces couples de phrases.**

1. Cet édifice ne paraît pas très solide. / Mon livre paraîtra au printemps.
2. L'ogre resta calme. / La sorcière ne resta pas chez elle.
3. Le professeur montre son savoir. / Elle se montre douée.
4. Mes parents reviennent de leur travail. / Mon souhait est exaucé.

**3** **Complétez ces phrases avec un attribut du sujet.**

1. Il a l'air ........................................ .
2. Ce film reste ........................................ .
3. Le ciel devint ........................................ .
4. Elle semble ........................................ de le rencontrer.
5. Ma tante demeura ........................................ pendant quelques secondes.
6. Le chien est considéré comme ........................................ .
7. Cette enfant s'appelle ........................................ .

**4** **Soulignez les attributs du sujet et donnez leur classe grammaticale.**

1. Ce garçon a l'air malheureux. ……………………
2. Tu passes toujours pour un gourmand ! ……………………
3. Quand je serai grande, je serai astronaute. ……………………
4. Ce chien deviendra grand et fort, avec le temps. ……………………

**5** **Recopiez les adjectifs qualificatifs et dites s'ils sont attributs du sujet ou épithètes.**

1. La nuit demeurait sombre. ……………………
2. La forêt sombre m'effraie. ……………………
3. Il portait un énorme colis. ……………………
4. L'arme du cyclope était énorme. ……………………

**6** **Complétez ces phrases avec un attribut du sujet en respectant les indications.**

1. Ces vacances m'ont paru (**adjectif qualificatif**) ……………………
2. Ma voisine s'appelle (**nom propre**) ……………………
3. Le plus évident était (**groupe infinitif**) ……………………
4. Cette personne est considérée comme (**groupe nominal**) ……………………

**7** J'APPLIQUE POUR DIRE **Un élève donne un verbe attributif et un autre construit une phrase avec un attribut du sujet. Puis, inversez les rôles.**

**8** J'APPLIQUE POUR ÉCRIRE **Faites le portrait de votre voisin(e) de classe. Utilisez au moins quatre attributs du sujet avec des verbes attributifs différents.**

……………………

……………………

……………………

## DÉJÀ FINI ?

JEU **9** **Retrouvez les attributs du sujet des phrases dans cette grille.** 10 minutes

1. Ce tissu semble …………….
2. Son souhait est de …………….
3. Cet animal est un …………….
4. Son aliment préféré est le …………….
5. Cet oiseau s'appelle un …………….
6. Ce repas fut un …………….

| | | | | | |
|---|---|---|---|---|---|
| D | O | R | M | I | R |
| 0 | U | A | I | Q | E |
| U | R | P | E | F | G |
| X | S | A | L | U | A |
| W | H | C | N | B | L |
| D | Z | E | K | J | P |

DÉFI ! **10** **Formez des phrases en utilisant trois cartes pour chacune d'elles. Attention aux accords !**

SEMBLER | AVOIR L'AIR | PASSER POUR | S'APPELER | LE PRINCE | ÊTRE | BEAU

LA PRINCESSE | LE DRAGON | CHARMANT | RESTER | HEUREUX | ENDORMI

……………………

……………………

# 13 Les compléments d'objet

Exercices en + hatier-clic.fr/23c626

J'écris **une lettre**. Je **l'**envoie **à mes parents**.

- Le complément d'objet apporte des **informations** au verbe qu'il complète. C'est un **complément qu'on ne peut pas supprimer ou déplacer**.
- Le complément d'objet qui complète directement le verbe, sans préposition, s'appelle le **complément d'objet direct** (COD).
  Je sais **lire**.
- Le complément d'objet relié au verbe par une préposition s'appelle le **complément d'objet indirect** (COI).
  Il parle **à sa sœur**.

**Vérifiez que vous avez bien compris la leçon : complétez.**

Il aide sa mère à débarrasser la table.

*sa mère* = .................................... du verbe ....................................

*à débarrasser la table* = .................................... du .................................... *aide*.

**1** **Soulignez les compléments d'objet. Attention, il peut y en avoir plusieurs dans une phrase.**

Pour trouver le COD, posez la question **qui ?/ quoi ?**. Et pour le COI, **à qui/ à quoi ?** ou **de qui/de quoi ?** après le verbe.

1. En classe, les élèves lisent *L'Odyssée*.
2. Ils s'intéressent à la mythologie.
3. Elle raconte des mensonges à ses amies.
4. Il n'a pas obéi à ses parents.
5. Le Nil donne une terre fertile aux Égyptiens.

**2** **Soulignez les COD et encadrez les COI.**

1. Il mange une pomme avec plaisir.
2. J'ai acheté des fleurs à ma grand-mère.
3. Je t'entends bien.
4. Il nous a raconté une belle histoire.
5. Elle a demandé l'autorisation à son père.
6. Cette histoire leur plaît.

**3** **Complétez ces phrases avec un complément d'objet de la classe grammaticale demandée et précisez si c'est un COD ou un COI.**

1. Ils ne voient pas (**groupe nominal**) .................................................... . ....................
2. Nous (**pronom personnel**) .................................................... obéirons. ....................
3. Nadia veut (**groupe infinitif**) .................................................... . ....................
4. Elles réfléchissent (**groupe nominal**) .................................................... . ....................

**4** **Soulignez les compléments d'objet et réécrivez les phrases en les remplaçant par des pronoms personnels.**

1. Elle aime beaucoup son chien. ....................................................
2. L'enfant apporte le gâteau. ....................................................
3. Chaque jour, il pense à son amie. ....................................................
4. Zeus ! par pitié ! aide Ulysse ! ....................................................

**5** **Réécrivez chaque phrase en remplaçant le pronom personnel complément d'objet souligné par un complément d'objet d'une autre classe grammaticale.**

1. Il lui parle de sa journée. ..............................
2. Vous l'avez avoué à votre ami ? ..............................
3. Nous la lui proposons. ..............................
4. Tu le leur as expliqué. ..............................

**6** **Précisez si les mots en gras sont des déterminants ou des pronoms personnels compléments d'objet.**

1. **Le** radeau dérive mais Ulysse **le** retient. ..............................
2. **La** boulangère **l'**a félicitée ! ..............................
3. **L'**autrice a fini **le** poème : elle **le** dédie à celui qu'elle aime.

..............................

**7** J'APPLIQUE POUR DIRE **Chaque élève propose une phrase comprenant un COD et un COI en utilisant ces verbes.**

expliquer • offrir • avouer • rendre

**8** J'APPLIQUE POUR ÉCRIRE **Racontez votre dernière sortie en famille ou avec des ami(e)s et soulignez les compléments d'objet.**

..............................

..............................

..............................

..............................

## DÉJÀ FINI ?

JEU **9** **Trouvez les compléments d'objet et complétez la pyramide.** 10 minutes

1. Je .............................. vois.
2. Il a bu son .............................. de chocolat.
3. Il ne .............................. entend pas.
4. Fais-tu du .............................. ?
5. Arrêtez de regarder votre .............................. !
6. N'oublie pas de lui .............................. un message.

1. .... ....
2. .... .... ....
3. .... .... .... ....
4. .... .... .... .... ....
5. .... .... .... .... .... ....
6. .... .... .... .... .... .... ....

DÉFI ! **10** **Imaginez un court récit sur un animal à partir des verbes suivants que vous compléterez avec des COD, COI et attributs du sujet.**

sauter • sembler • imaginer • arracher • avoir l'air

..............................

..............................

..............................

..............................

..............................

# 14 Les compléments circonstanciels de temps et de lieu

Exercices en +
hatier-clic.fr/23c628

Je pars **au Canada**. Je pars **bientôt**.

- Les compléments circonstanciels (CC) **enrichissent la phrase** dans son ensemble.
- Le complément circonstanciel de **temps** (CCT) apporte une précision sur l'époque, la durée, le moment. Le complément circonstanciel de **lieu** (CCL) apporte une précision sur le lieu (où l'on est, où l'on va…).
- Il peut être un groupe nominal, un adverbe, un groupe infinitif, un pronom…

  **Chez mes grands-parents**, **hier**, j'ai tondu le gazon.
  CCL (GN) CCT (adverbe)

- Le plus souvent, il peut être **déplacé** ou **supprimé**.

  J'arrive **demain**. **Demain**, j'arrive. J'arrive.

**Vérifiez que vous avez bien compris la leçon : soulignez les compléments circonstanciels de lieu et de temps.**

Hier, à la nuit tombée, je suis sortie dans le jardin, sous le grand chêne.

### 1 Soulignez les compléments circonstanciels de temps et encadrez ceux de lieu.

Pour retrouver un CCT, posez la question **quand ?**. Et pour un CCL, posez la question **où ?**.

1. À Erdeven, j'admire tous les jours les menhirs.
2. Sur la Seine, des bateaux promènent toute la journée des touristes.
3. Il veut participer à une compétition la semaine prochaine, à Carnac.
4. Nous resterons travailler ici, jusqu'à la sonnerie.
5. Depuis une semaine, c'est la canicule à Marseille.

### 2 Classez ces compléments circonstanciels.

ici • bientôt • depuis trois jours • là-bas • en 1492 • autrefois • en novembre dernier • avant cela • chez moi • jadis • plus tard • en Auvergne • chez le boucher

| CC temps | CC lieu |
| --- | --- |
| .................................... | .................................... |
| .................................... | .................................... |

### 3 Complétez ces phrases en respectant les indications données.

1. **(CCT)** .................................... il marche **(CCL)** .................................... .
2. Elle est partie **(CCL)** .................................... **(CCT)** .................................... .
3. Nous sommes restés **(CCT)** .................................... **(CCL)** .................................... .
4. Nous sommes enfin arrivés **(CCT)** .................................... .

# 15 Le complément circonstanciel de cause

Exercices en + hatier-clic.fr/23c629

Il rentre **à cause du froid**. Je ne viens pas **parce que je suis malade**.

- Le complément circonstanciel de **cause** (CCC) explique l'**origine** d'un fait ou d'une action.
- Il est **déplaçable** et **supprimable**.
  Il a renoncé, **par peur de l'échec**. **Par peur de l'échec**, il a renoncé. Il a renoncé.
- Il peut être un groupe nominal, une proposition subordonnée, un groupe infinitif, un pronom…
  **En raison de l'orage** (GN), je m'abrite. Il part **de crainte de tomber** (groupe infinitif).
  Tu es venue **à cause de lui** (pronom).

**Vérifiez que vous avez bien compris la leçon : complétez.**

Elle est arrivée en retard (groupe nominal) ........................................................................

**1 Soulignez les compléments circonstanciels de cause.**

Pour trouver un CCC, posez la question **pourquoi ?**.

1. En raison des vacances, la banque est fermée demain.
2. J'ai glissé à cause du gel.
3. Il avance lentement parce qu'il y a du verglas.
4. Elles ont agi par jalousie.
5. Prenons le bus puisque nous sommes en retard.

**2 Complétez avec un complément circonstanciel de cause en respectant les indications.**

1. Je suis là (**proposition subordonnée**) ........................................................................
2. (**groupe nominal**) ........................................................................, je ne sortirai pas aujourd'hui.
3. Notre équipe a gagné (**groupe nominal**) ........................................................................
4. (**groupe infinitif**) ........................................................................, il a causé un accident.

**3 Remplacez chaque complément circonstanciel de cause souligné par une proposition subordonnée.**

1. Les joueurs se donnent à fond <u>de crainte de perdre</u> ........................................................................
2. <u>En raison de son inexpérience</u> ........................................................................, il craint ses adversaires.
3. Il a été remboursé <u>grâce à la garantie</u> ........................................................................

**4 J'APPLIQUE POUR LIRE Soulignez les compléments circonstanciels de temps, surlignez ceux de lieu et encadrez ceux de cause.**

Jadis, un petit garçon vivait avec sa grand-mère dans une petite maison, au bord d'une rivière. Ils ne possédaient pas grand-chose, mais étaient heureux. Comme il était fils unique, l'enfant s'ennuyait, parfois, surtout le soir, après le dîner. Sa grand-mère lui lisait pourtant des histoires lorsqu'il se couchait parce qu'il adorait cela.

# 16 MÉTHODE Distinguer les différents compléments

## ✔ Je repère la position du complément

ÉTAPE 1

- Le **complément du nom** (CDN) est toujours placé après un nom.
  la salle **à manger** — un fauteuil **à bascule**
- Le **complément d'objet** (CO) suit généralement le verbe (sauf lorsqu'il s'agit d'un pronom).
  Elle prépare **une tarte**. Elle **la** prépare. Je parle **à Samuel**. Je **lui** parle.
- L'**attribut du sujet** est placé derrière le verbe attributif (*sembler, être, avoir l'air...*).
  Ce cheval semble **malheureux**.
- Le **complément circonstanciel** (CC) n'a pas de place fixe dans la phrase.
  Son cours commence **à huit heures**. **À huit heures**, son cours commence.

## ✔ Je réfléchis au rôle du complément

ÉTAPE 2

- Le **complément du nom** précise un **nom** et fait partie d'un groupe nominal.
  J'ouvre la porte **de la chambre**. *de la chambre* : précise le nom *porte*.
- Le **complément d'objet** précise un **verbe**.
  Il demande **un gâteau**. *un gâteau* : précise ce qu'*il demande*.
- L'**attribut du sujet** précise le **sujet** et s'accorde avec lui.
  Cette pâtisserie semble **délicieuse**. *délicieuse* : précise le sujet *cette pâtisserie*.
- Le **complément circonstanciel** apporte une précision à la **phrase** dans son ensemble.
  Nous avons voyagé **ce matin**. *ce matin* précise quand *nous avons voyagé*.

## ✔ Je vérifie si je peux supprimer, déplacer ou remplacer le complément

ÉTAPE 3

- Un **complément du nom** peut facilement être **supprimé**.
  J'ai oublié mes clés **de maison**. → J'ai oublié mes clés.
- Un **complément d'objet** peut être remplacé par un **pronom personnel**, mais il n'est pas facilement supprimable.
  Je croque **une pomme**. → Je **la** croque.
- Un **attribut du sujet** n'est **ni remplaçable, ni supprimable**.
  Elle est **superbe** ! On ne peut pas dire : *Elle est !*
- Les **compléments circonstanciels** sont **déplaçables** et **supprimables** en général.
  **À l'aube**, il pleuvait. → Il pleuvait.

## À RETENIR

✔ **Complément du nom** → précise un nom • supprimable

✔ **Complément d'objet** → précise un verbe • peut être remplacé par un pronom personnel

✔ **Attribut du sujet** → précise le sujet • pas supprimable

✔ **Complément circonstanciel** → précise la phrase • supprimable • déplaçable

## JE VÉRIFIE QUE J'AI BIEN COMPRIS

**1 Soulignez un complément du nom, encadrez un complément d'objet, surlignez un attribut du sujet et mettez entre parenthèses un complément circonstanciel.**

Sarah est très heureuse aujourd'hui : son ami de Nantes a rapporté des cadeaux.

## J'APPLIQUE LA MÉTHODE

**2 Soulignez les verbes et précisez s'ils sont suivis d'un complément d'objet ou d'un attribut du sujet.**

1. J'ai répondu à sa lettre. ..........
2. Il n'arrête pas de bouger ! ..........
3. Elle s'appelle Arya. ..........
4. Sa place est restée libre. ..........
5. J'aime beaucoup le chocolat. ..........
6. Il passait pour un acteur. ..........

**3 Soulignez les compléments du nom et encadrez le nom qu'ils complètent.**

1. Je vais regarder la boîte aux lettres.
2. C'est une montre en titane.
3. Le téléphone de demain sera souple.
4. Les films de ce réalisateur sont des œuvres d'art !
5. Kenza pense à l'arrivée de ses parents.
6. Ce plat est un mélange de légumes.

**4 Dites si les expressions soulignées sont des COD/COI ou des attributs du sujet.**

1. Je crois qu'elle est prête. ..........
2. Cette équipe reste la meilleure, cette année encore. ..........
3. Tu as mis une belle veste. ..........
4. Enzo a répondu aux consignes. ..........
5. J'ai trouvé cette plante chez le fleuriste. ..........

**5 Indiquez la fonction des compléments en gras.**

1. Il craint l'arrivée du brouillard, **dans la journée**. ..........
2. Ses amies veulent **la réussite de Sophie**. ..........
3. **Hier**, on nous a prévenus **du prochain contrôle**. ..........
4. Il semble **satisfait de son exposé**. ..........
5. Ses grands-parents lui ont acheté un téléphone **sans fil**. ..........

**6 Indiquez la fonction des compléments en gras.**

La nuit arrive de bonne heure **en janvier**. Les rues étaient déjà **sombres** quand Gringoire sortit du Palais. Cette nuit tombée **lui** plut. [...] Après l'éclatant avortement de son coup **d'essai** théâtral, il n'osait **rentrer dans le logis** qu'il occupait.

**Victor Hugo**, *Notre-Dame de Paris* (1831)

1. en janvier : ..........
2. sombres : ..........
3. lui : ..........
4. d'essai : ..........
5. rentrer dans le logis : ..........

# 17 L'épithète

Exercices en +
hatier-clic.fr/23c632

un **magnifique** écureuil **marron**

- L'épithète est un adjectif qualificatif (ou un participe passé employé comme adjectif) qui **précise un nom** ; elle fait donc partie des expansions du nom.
  Ma **petite** table **basse** est en verre.
- Elle peut être **supprimée**.
  Le **petit** lapin **blanc** mange. Le lapin mange.
- Elle se place directement **devant** ou **derrière** le nom auquel elle se rapporte et **s'accorde** avec lui ▸ **Fiche 44**. Le sens de l'épithète peut changer selon sa place.

**Vérifiez que vous avez bien compris la leçon : complétez.**

Il avait de beaux cheveux fins et bouclés.

Les épithètes sont : .............................................

Elles sont épithètes du nom ...............................

Pour trouver une épithète, cherchez le **nom noyau** du groupe nominal et vérifiez s'il est précédé ou suivi d'adjectifs qualificatifs.

**1** **Soulignez les épithètes.**

1. Le petit garçon joue avec les grosses balles jaunes.
2. J'ai rencontré un vieux monsieur généreux.
3. Elle a acheté une splendide veste blanche et noire.
4. Les touristes curieux regardent les grandes collines verdoyantes.
5. Les fleurs violettes et les roses sont mes fleurs préférées.
6. Ce vieux meuble antique me vient de ma grand-mère adorée.

**2** **Soulignez les épithètes et encadrez les noms auxquels elles se rapportent.**

1. Venez à la piscine, par cette belle journée ensoleillée.
2. Notre merveilleux oncle va sûrement nous préparer ses délicieux cookies croquants.
3. Une petite balade forestière nous permettra de découvrir le paysage pittoresque.
4. Que ce prestigieux concours floral annuel commence !

**3** **Insérez ces épithètes dans des groupes nominaux de votre invention.**

Ex : blanche → une veste blanche

1. Parfumées : .....................................................
2. Sucrés : .....................................................
3. Noires : .....................................................
4. Ancienne : .....................................................

**4** **Associez ces noms aux épithètes. Aidez-vous des accords.**

| | |
|---|---|
| 1. (une) salle • | • puissant |
| 2. (une) aventure • | • majestueuses |
| 3. (des) baleines • | • aromatiques |
| 4. (des) plantes • | • gigantesque |
| 5. (des) fruits • | • périlleuse |
| 6. (un) animal • | • juteux |

**5** **Complétez ces phrases avec des épithètes.**

1. La mer est ............................., comme tes yeux ..............................................................
2. Les ................................... pies regagnent leur nid .....................................................
3. Cette ............................. maison .............................................. ne me convient pas.
4. Le secret ..................... de ce peuple ........................ est resté un ...................... mystère.

**6** **Précisez le sens de chaque épithète en proposant un synonyme. Que remarquez-vous ?**

1. un bon joueur ..................................... • un homme bon .....................................
2. des chaussettes sales ............................. • un sale tour .....................................
3. un homme grand ................................... • un grand homme .....................................

Je remarque que .........................................................................................................

**7** J'APPLIQUE POUR DIRE **Décrivez le monstre de votre choix avec le maximum d'épithètes.**

**8** J'APPLIQUE POUR LIRE **Soulignez les épithètes et encadrez le nom qu'elles précisent.**

La journée entière n'était qu'un rayon de soleil. Le sommeil de l'hiver avait cédé sa place au murmure printanier de la nature, frémissant de la joie de vivre. La sève montait dans les pins, tandis [...] que buissons et lianes se paraient d'une jeune verdure.

**Jack London**, *L'Appel de la forêt* (1903), traduit de l'anglais par Mme de Galard.

**9** J'APPLIQUE POUR ÉCRIRE **Racontez la première rencontre avec votre meilleur(e) ami(e). Chaque nom doit être complété avec au moins une épithète.**

.........................................................................................................................
.........................................................................................................................
.........................................................................................................................

## DÉJÀ FINI ?

JEU **10** **Complétez la grille avec le contraire de ces mots et trouvez l'épithète manquante.**

1. vieux
2. ennemi
3. blanc
4. dur
5. faux
6. sombre
7. minuscule
8. propre

| | | | | | | | |
|---|---|---|---|---|---|---|---|
| 1. | | ..... | ..... | ..... | ..... | ..... | |
| 2. | | ..... | ..... | ..... | | | |
| 3. | | ..... | ..... | ..... | ..... | | |
| 4. | ..... | ..... | ..... | | | | |
| 5. | | | ..... | ..... | ..... | ..... | |
| 6. | ..... | ..... | ..... | ..... | ..... | | |
| 7. | | ..... | ..... | ..... | ..... | ..... | ..... |
| 8. | | | ..... | ..... | ..... | ..... | ..... |

**Un film** ....................................

DÉFI ! **11** **Trouvez trois épithètes pour compléter chaque groupe nominal.** 4 minutes

1. des fées : .........................................................................................................
2. une route : .......................................................................................................
3. un exploit : ......................................................................................................
4. des chevaliers : ................................................................................................

# 18 Le complément du nom

Exercices en + hatier-clic.fr/23c634

la perceuse **de mon père** l'arbre **du jardin**

- Le complément du nom (CDN) est un groupe de mots qui **précise un nom**.
  Il fait partie des expansions du nom, comme l'épithète ▶ **Fiche 17**.
  la bouteille **de jus d'orange**
- Il est relié au nom noyau du groupe nominal par une **préposition** (*à, de…*).
  Il fait donc partie de ce groupe nominal.
- Il peut appartenir à différentes **classes grammaticales** : nom, groupe nominal, infinitif…
  une salade **de fruits** (nom) un ami **de ma sœur** (GN) une envie **de voyager** (infinitif)

**Vérifiez que vous avez bien compris la leçon : soulignez les compléments du nom.**

J'aime les films d'action. Les vacances d'été se terminent. J'ai besoin de comprendre.

**1 Soulignez les compléments du nom.**

une barbe à papa • un jouet d'enfant • le bonheur de rire • l'île aux enfants • une machine à laver • le livre de Loane • le parapluie de Petra • un verre d'eau • une bouteille de vin

Pour trouver un CDN, il faut poser la question **à qui ?/à quoi ?** ou **de qui ?/de quoi ?** derrière un nom et non un verbe.

**2 Identifiez puis recopiez les compléments des noms soulignés.**

1. Les animaux de la fable parlent. ……………………
2. La Fontaine est un grand auteur de fables. ……………………
3. C'est une histoire à dormir debout ! ……………………
4. La bataille du pot de terre contre le pot de fer fut rude. ……………………

**3 Complétez ces phrases avec une préposition introduisant un complément du nom.**

1. J'ai acheté un four ………… pizzas.
2. Pour venir, il a pris un train ………… la gare ………… Lyon.
3. Ils admirent des sculptures ………… marbre.
4. Ils ont lu un livre ………… pirates.

**4 Mettez tous les groupes nominaux entre crochets et soulignez les compléments du nom.**

1. Il boit un verre de lait.
2. Il écrit avec un stylo à encre.
3. Il porte ses affaires de sport dans un sac en plastique.
4. C'est notre dernier jour de vacances et nous reprenons le chemin de l'école demain !

**5 Complétez ces groupes nominaux avec des compléments du nom.**

un seau ………… • un billet ………… • un canapé ………… • un tube ………… • un jardin ………… • une pièce ………… • un extrait ………… • un trésor ………… • une amie …………

**6** **Remplacez chaque épithète par un complément du nom de même sens.**

Ex : un paysage maritime → un paysage de mer

1. un échantillon lunaire : ……………………
2. un temps hivernal : ……………………
3. l'énergie éolienne : ……………………
4. une vie dangereuse : ……………………
5. une recette culinaire : ……………………
6. un spectacle nocturne : ……………………
7. un journal hebdomadaire : ……………………
8. une production semestrielle : ……………………
9. un animal fermier : ……………………
10. une tradition séculaire : ……………………

**7** J'APPLIQUE POUR LIRE **Soulignez chaque complément du nom et mettez entre crochets le groupe nominal dont il fait partie.**

Il lui semblait que la récréation de midi n'arriverait jamais. Il n'y avait pas un souffle d'air. Rarement la chaleur avait plus incité au sommeil. Le murmure des vingt-cinq élèves qui ânonnaient leur leçon engourdissait l'âme comme l'engourdit le bourdonnement des abeilles. Au loin, sous le soleil flamboyant, le coteau de Cardiff dressait ses pentes verdoyantes qu'estompait une buée tremblotante.

**Mark Twain**, *Les Aventures de Tom Sawyer* (1876), traduit de l'anglais par F. de Gaïl © Mercure de France

**8** J'APPLIQUE POUR DIRE **Chaque groupe essaie de trouver le plus grand nombre possible de compléments du nom à ces noms.**

machine • stylo • maillot • animal

……………………………………………………………………

……………………………………………………………………

**9** J'APPLIQUE POUR ÉCRIRE **Décrivez votre ville préférée (réelle ou imaginaire) en veillant à utiliser des compléments du nom que vous soulignerez.**

……………………………………………………………………

……………………………………………………………………

……………………………………………………………………

……………………………………………………………………

## DÉJÀ FINI ?

JEU **10** **Retrouvez les compléments du nom dans cette grille.**

1. une machine à ……………………
2. une machine à ……………………
3. un moulin à ……………………
4. une pince à ……………………
5. le livre de ……………………
6. le portable d'……………………

| | | | |
|---|---|---|---|
| L | O | I | C |
| A | V | L | O |
| V | E | I | U |
| E | N | N | D |
| R | T | G | R |
| E | V | E | E |

DÉFI ! **11** **Trouvez le plus de compléments du nom possibles aux noms suivants.** 5 minutes

1. (une) nuit ……………………
2. (une) table ……………………
3. (un) fer ……………………
4. (un) verre ……………………

# 19 MÉTHODE Identifier les fonctions grammaticales

## ✔ Je pose une question liée à un verbe ou à un nom

ÉTAPE 1

| Exemple | Question ou place | Réponse | Fonction |
|---|---|---|---|
| **La voisine** chante. | *qui* + verbe (Qui chante ?) | la voisine | **Sujet du verbe** |
| Il mange **un gâteau**. | sujet + verbe + *quoi/qui* (Il mange quoi ?) | un gâteau | **COD du verbe** |
| Elle parle **à ses parents**. | sujet + verbe + *à/de qui* ou *quoi* (Elle parle à qui ?) | à ses parents | **COI du verbe** |
| Il est **beau**. | derrière un verbe attributif (est) | beau | **Attribut du sujet** |
| L'orage a grondé **cette nuit**. | phrase + *quand/où/pourquoi*... (L'orage a grondé quand ?) | cette nuit | **Complément circonstanciel (CC)** |
| L'ami **de mon frère** est génial. | nom + *à/de... qui* ou *quoi* (L'ami de qui ?) | de mon frère | **Complément du nom (CDN)** |
| Un chat **noir** passe. | adjectif lié à un nom (chat) | noir | **Épithète** |

## ✔ Je regarde la position des mots dans la phrase

ÉTAPE 2

- Le **sujet** est souvent placé **avant le verbe conjugué** (sauf dans les phrases interrogatives avec inversion sujet-verbe). **Il** mange. Mange-t-**il** ?
- L'**adjectif épithète** est placé **avant** ou **après** le **nom**. un **petit** lapin **blanc**
- L'**attribut du sujet** (adjectif ou nom) est placé **après un verbe attributif**.
  Elle semble **heureuse**. Ma mère est **médecin**.
- Un groupe nominal **complément du verbe** est souvent placé **après** le **verbe**.
  Elle voit **le ciel**.
- Un pronom **complément du verbe** est toujours placé **avant** le **verbe**. Elle **le** voit.
- Un **complément circonstanciel** est souvent en **début** ou en **fin** de phrase.
  **Hier**, elle l'a vu. Tu skies **tous les jours**.

## ✔ Je regarde les accords

ÉTAPE 3

- Le **verbe conjugué** est toujours accordé avec le **sujet**. Elles rêv**ent**.
- L'**adjectif épithète** est toujours accordé avec le **nom** qu'il complète. Des vestes noir**es**
- L'**attribut du sujet** est toujours accordé avec le **sujet**. Elles sont absent**es**.
- Un **pronom** est toujours accordé en genre et en nombre avec le **nom** qu'il remplace.
  Ces voitures, elle **les** voit.

## ✔ Je remplace par une autre classe grammaticale

ÉTAPE 4

- Le **sujet** peut être remplacé par un **pronom** devant le verbe.
  **Les voiliers** font la course. → **Ils** font la course.
- Un **complément du nom** peut être remplacé par un **adjectif**.
  Le livre **de mon oncle**. → Le livre **bleu**.
- Le **complément d'objet** peut être remplacé par un **pronom** devant le verbe.
  Il aide **ses amis**. → Il **les** aide.

## JE VÉRIFIE QUE J'AI BIEN COMPRIS

**1** **Soulignez un sujet, un complément d'objet, un attribut du sujet, un adjectif épithète et un complément circonstanciel.**

Hier, j'ai tondu la pelouse de mon voisin. L'herbe haute était très dense.

.......................................................................................................

## J'APPLIQUE LA MÉTHODE

**2** **Écrivez la question qui permet de trouver la fonction des expressions soulignées. Indiquez cette fonction.**

1. Les parents attendent leur fils. ..........................................
2. Ils sont arrivés en retard à cause de la neige. ..........................................
3. Sa petite sœur pose sa tartine à côté du bol. ..........................................
4. Elle écrit à sa grand-mère. ..........................................

**3** **Reliez les compléments soulignés à leur fonction.**

1. Il a sauté du plongeoir. •
2. Elle est rentrée avant-hier. •
3. Prends ta brosse à cheveux. •
4. Relis ta leçon. •
5. Il s'intéresse à la mythologie. •

- **Complément du nom**
- **Complément circonstanciel**
- **Complément d'objet (direct/indirect)**

**4** **Donnez pour chaque phrase la fonction du groupe nominal *la semaine prochaine*.**

1. Nous reviendrons **la semaine prochaine**. ..........................................
2. **La semaine prochaine** va être extraordinaire. ..........................................
3. J'attends **la semaine prochaine** avec beaucoup d'impatience. ..........................................
4. Je pense à **la semaine prochaine**. ..........................................
5. Il viendra le mercredi de **la semaine prochaine**. ..........................................

**5** **Donnez la fonction grammaticale des mots en gras et justifiez votre réponse.**

La Barbe-Bleue épousa la fille **de sa voisine**. Ses **précédentes** épouses avaient disparu **soudainement**. Un jour, il annonça **à sa femme** qu'il devait s'absenter, mais il voulait qu'elle soit **heureuse** pendant ce temps.

D'après **Charles Perrault**, « La Barbe-Bleue » (1697)

1. de sa voisine : ..........................................
2. précédentes : ..........................................
3. soudainement : ..........................................
4. à sa femme : ..........................................
5. heureuse : ..........................................

.......................................................................................................

# 20 BILAN Les fonctions

Écoutez le texte
hatier-clic.fr/23c638

▶ Vérifiez que vous avez bien compris les Fiches 11 à 15 et 17-18 avant de traiter ce bilan.

*La petite sirène est sortie pour la première fois à la surface de l'eau à l'occasion de ses quinze ans. Retournée au fond de l'océan, elle ne parvient pas à oublier le prince qu'elle a aperçu.*

Elle avait toujours été **silencieuse et réfléchie** ; **à partir de ce jour**, elle le devint encore davantage. Ses sœurs **la** questionnèrent sur ce qu'elle avait vu là-haut, mais elle ne raconta rien.

Plus d'une fois, le soir et le matin, elle retourna à l'endroit où elle avait laissé le prince. Elle vit mûrir les fruits du jardin, elle vit fondre la neige sur les hautes montagnes, mais elle ne vit pas **le prince** ; et elle retournait toujours plus triste au fond de la mer. Là, **sa seule consolation** était de s'asseoir dans son **petit** jardin et d'entourer de ses bras la jolie statuette de marbre qui ressemblait **au prince**, tandis que ses fleurs négligées, oubliées, s'allongeaient **dans les allées** comme dans un lieu sauvage, entrelaçaient leurs longues tiges dans les branches des arbres.

**Hans Christian Andersen,** *La Petite Sirène* (1837), traduit du danois par Daniel Soldi

**1** **Quel est le sentiment ressenti par la petite sirène ? Justifiez en relevant un attribut du sujet.** 2 POINTS ..........

**2** **Quel nom est désigné par le pronom *elle* (l. 1) ?** 1 POINT

..........

**3** **Donnez la fonction des mots ou groupes de mots en gras.** 8 POINTS

1. silencieuse et réfléchie : ..........
2. à partir de ce jour : ..........
3. la : ..........
4. le prince : ..........
5. sa seule consolation : ..........
6. petit : ..........
7. au prince : ..........
8. dans les allées : ..........

**4** **Soulignez les sujets des verbes encadrés.** 4 POINTS

**5** **Encadrez deux compléments du nom.** 2 POINTS

**6** **Le lendemain, la petite sirène aperçoit le prince. Imaginez sa réaction.** 8 POINTS
**Utilisez deux attributs du sujet, un complément du nom, deux COD, un COI, un complément circonstanciel de lieu et un autre de cause.**

..........

..........

..........

..........

JE SAIS IDENTIFIER LES FONCTIONS

**Ma note globale : ........../ 25**

- entre 0 et 8 points : à consolider
- entre 9 et 15 points : maîtrisé
- entre 16 et 25 points : dépassé

# 21 La grammaire en JEUX — Les fonctions

▶ Faites ces jeux à votre rythme.

**1** CHARADE **Trouvez la solution de cette charade.**

Mon premier est une partie du haut du corps. ....................................

Mon deuxième est un rongeur. ....................................

Mon troisième est le contraire du travail. ....................................

Mon tout est l'attribut du sujet de cette phrase : **Les pompiers sont très** .....................................

**2** PYRAMIDE **Trouvez les compléments d'objet manquants (COD et COI). Plusieurs réponses sont parfois possibles.**

1. Je (**pronom personnel**) ........................ vois.
2. Il a bu son (**nom commun**) ........................ de chocolat.
3. Il ne (**pronom personnel**) ........................ entend pas.
4. Fais-tu du (**nom commun**) ........................ ? Oui, du tennis.
5. N'oublie pas de (**infinitif**) ........................ un message.

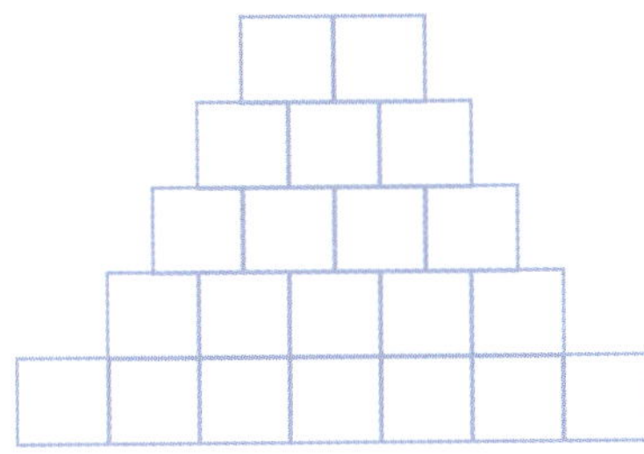

**3** LETTRES MÊLÉES **Remettez les lettres dans l'ordre pour retrouver les mots des fonctions qui conviennent. Précisez cette fonction.**

1. ECTET ESOBUSLO ........................................... m'a permis de retrouver mon chemin.
2. Elle l'a décidé : elle sera SOATMEONR ...........................................
3. Ils ont demandé leur NEHCIM ........................................ à un TANEFN ........................................
4. Nous arriverons au METSOM ........................................ dans la RIESOE ........................................

**4** RANGE-MOTS **Rangez les expressions soulignées dans le bon sac.**

1. Hier, à cause de la chaleur insupportable, elle a demandé à sa mère de l'emmener à la piscine de la commune.
2. Demain, j'irai à la pêche à la ligne avec mon adorable grand-père.

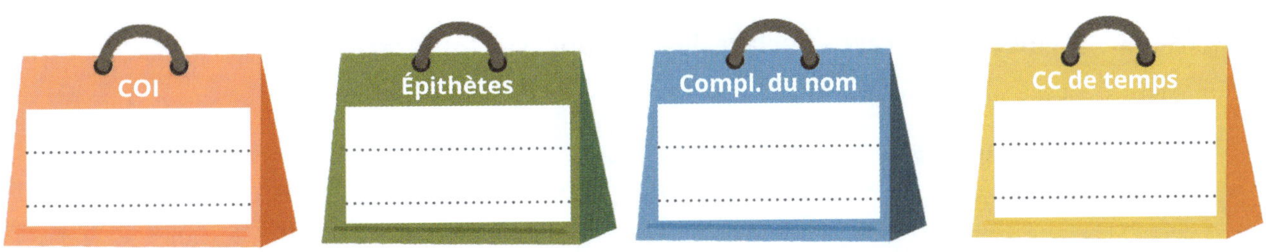


DÉFI ! **5** **Formez des phrases en complétant chaque verbe avec des mots de différentes fonctions que vous préciserez. Celui qui en aura trouvé le plus sera le gagnant !** 10 minutes

1. ........................................................................, jouent ........................................................................

........................................................................................................................................................

2. ........................................................................................................................................ regarde

........................................................................................................................................................

# 22 Les types de phrases

Exercice en +
hatier-clic.fr/23c640

Le vent est frais. Payez-vous en espèces ? Donne-moi la main.

Toute phrase appartient obligatoirement à l'un de ces **trois types** :

- La phrase de **type déclaratif** transmet une information. Elle se termine par un point.
  Je mange une pomme.
- La phrase de **type interrogatif** pose une question. Elle se termine par un point d'interrogation.
  Où vas-tu ?
- La phrase de **type impératif** donne un ordre, un conseil ou une interdiction. Elle se termine par un point (elle se termine par un point d'exclamation quand elle est aussi à la forme exclamative ▶ **Fiche 23**).
  Sors de là. Vous devez sortir de là.

**Vérifiez que vous avez bien compris la leçon : transformez cette phrase impérative en phrase déclarative puis interrogative.**

Viens me voir.

## 1 Indiquez le type de ces phrases.

Pour trouver le type d'une phrase, regardez la **ponctuation**, mais demandez-vous aussi quel est son **sens**.

1. Avez-vous fini vos exercices ?
2. Je me demande combien coûte ce jeu.
3. Dimanche prochain, nous participons à un grand concours.
4. Vous devriez vous laisser tenter par cette glace.

## 2 Transformez ces phrases déclaratives en phrases impératives.

1. Nous allons au cinéma.
2. Tu parles en anglais.
3. Vous allez faire les courses.
4. Vous ne regardez pas ce film.

## 3 Transformez ces phrases déclaratives en phrases interrogatives en inversant le sujet.

Ex : Il parle anglais. → Parle-t-il anglais ? Karim aime les glaces. → Karim aime-t-il les glaces ?

1. Alicia arrivera à 16 heures.
2. Le garage est bien fermé.
3. Tu peux te joindre à nous à la kermesse.
4. Il a fait les courses.

**4** **Indiquez si ces phrases sont déclaratives ou impératives.**

1. Passe me voir, j'en serai heureux. ........................
2. C'est lui qui est arrivé le premier. ........................
3. Vous faites trop de bruit. ........................
4. Vous devez prévoir du temps supplémentaire. ........................

**5** **Réécrivez ces phrases au type demandé.**

1. Vous pouvez venir. (**Phrase impérative**) ........................
2. Avez-vous vu cela ? (**Phrase déclarative**) ........................
3. Tu connais le latin. (**Phrase interrogative**) ........................
4. Allumez la lumière. (**Phrase déclarative**) ........................

**6** **À partir des situations suivantes, imaginez une phrase du type demandé.**

1. Limiter l'utilisation du plastique. (**Phrase impérative**) ........................
........................
2. Marcher dans le ciment frais. (**Phrase impérative**) ........................
........................
3. Demander un gâteau. (**Phrase interrogative**) ........................
4. Ranger une chambre. (**Phrase déclarative**) ........................

**7** J'APPLIQUE POUR DIRE **Un élève donne une phrase déclarative et un autre doit la transposer dans les deux autres types. Puis inversez les rôles.**

**8** J'APPLIQUE POUR ÉCRIRE **Racontez votre rencontre avec un(e) ami(e) que vous n'avez pas vu(e) depuis longtemps. Utilisez les trois types de phrases.**

........................
........................
........................
........................
........................

## DÉJÀ FINI ?

JEU **9** **Reconstituez deux phrases interrogatives avec ces mots dans le désordre.**

rejoindre • est-ce • quand • t • s' • pluie • nous • vous • la • arrêtera • pourrez • que • elle

1. ........................
2. ........................

DÉFI ! **10** **Rédigez une phrase impérative contenant le plus possible de lettres différentes de l'alphabet (certaines lettres peuvent être utilisées plusieurs fois).**

........................
........................
........................

# 23 Les formes de phrases

Exercices en +
hatier-clic.fr/23c642

Je **ne** viens **pas**. Je viens **!**

- La phrase de **forme négative** comporte une négation (*ne… pas, ne… jamais, ne… que, ni… ni…*).
  Ce chat **ne** miaulait **jamais**.
- La phrase de **forme exclamative** se termine obligatoirement par un point d'exclamation. Elle sert à exprimer un sentiment.
  La marée monte vite **!** (surprise) Écoute-moi **!** (impatience) Peux-tu te taire **!** (colère)
- Tous les **types de phrases** peuvent être mis aux **formes négative** et/ou **exclamative**.
  Je ne supporte plus ce bruit ! (type déclaratif + formes négative et exclamative)

**Vérifiez que vous avez bien compris la leçon :**
**mettez cette phrase à la forme exclamative puis négative.**
Je la regarde. ……………………………………………………

**1** **Indiquez la forme de ces phrases. Certaines phrases ont plusieurs formes.**
1. Il ne nous écoute jamais ! ……………………
2. Rends-moi ce service, s'il te plaît ! ……………………
3. Je serai à l'heure ! ……………………
4. L'hiver ne sera pas très froid, cette année. ……………………
5. On n'a pas fini ! ……………………

**2** **Mettez ces phrases à la forme négative.**
1. Je vais faire les courses. ……………………
2. Alex a tennis ce soir. ……………………
3. On a tout répété ! ……………………
4. Apportez-leur à boire. ……………………
5. Peut-elle venir ce soir ? ……………………

**3** **Transposez ces phrases à la forme exclamative, sans garder la forme négative.**
1. Je ne pense pas qu'il va pleuvoir. ……………………
2. Personne ne m'a appelé. ……………………
3. Je n'ai rien trouvé. ……………………
4. Il ne mange jamais de légumes. ……………………

**4** **Précisez le sentiment exprimé par ces phrases de forme exclamative.**
1. Tu as encore eu une punition ! ……………………
2. Que ce héron est majestueux ! ……………………
3. J'ai raté leur visite ! ……………………
4. C'est moi qui voulais cette robe ! ……………………

**5** **Complétez ces phrases par une négation.**

1. Je .......... veux .......... prendre l'avion : j'ai trop peur !
2. Tom a répondu qu'il .......... avait .......... fait !
3. Cet appareil .......... fonctionne .......... avec des piles.
4. Je .......... aime .......... le foot .......... le rugby.

**6** **Complétez par *on* ou *on n'*.**

*On n'est* est suivi d'un élément négatif : *pas, ni, plus, guère, jamais…*

1. .......... aperçoit aucun nuage.
2. Le matin, .......... est souvent en retard.
3. .......... aime ni les serpents ni les araignées.
4. Ici, .......... entend très bien alors que là-bas, .......... entend rien.

**7** J'APPLIQUE POUR LIRE **Soulignez deux phrases de forme négative et surlignez deux phrases de forme exclamative. Puis transformez la phrase en gras en déclarative négative.**

Il est des chemins
Inconnus des hommes
Il est des chemins si aériens.
Ne regrettez pas
Ce que vous quittez.

**Regardez là-bas**
**L'horizon briller !**
Loin, toujours plus loin,
Partez en chantant !
Le monde appartient à ceux qui n'ont rien.

**Maurice Carême**, « Liberté » dans *La Lanterne magique* (1947) © Fondation Maurice Carême

..........

**8** J'APPLIQUE POUR ÉCRIRE **Vous avez perdu votre carnet de correspondance. Racontez vos réactions en utilisant des phrases de formes exclamative et négative.**

..........

..........

..........

..........

## DÉJÀ FINI ?

JEU **9** **Transposez ces phrases à la forme négative pour exprimer leur contraire.**

Ce jeu vidéo est drôle. Il a tout pour plaire. Toutes les étapes sont amusantes et je gagne toujours.

..........

..........

DÉFI ! **10** **Reconstituez quatre proverbes à la forme négative avec cette liste de mots.** 10 minutes

qui • ne • sans feu • à faire • il ne faut • ce qui • fumée • tente • est fait • de rien • rien • n'est plus • jurer • n'a rien • il n'y a • pas de

1. ..........
2. ..........
3. ..........
4. ..........

# 24 La phrase simple et ses constituants

Nous avons planté cet arbre il y a trois mois.

Exercices en +
hatier-clic.fr/23c644

- Une phrase simple ne comporte qu'**un seul verbe conjugué.**

  Il **arrive** dans dix minutes. **Reviens** tout de suite.

- Elle est composée au minimum d'un **sujet** et d'un **verbe** ou d'un **groupe verbal** (verbe et compléments essentiels).

  Fatiha (sujet) part (verbe).  Samir (sujet) regarde un film (groupe verbal).

- Une phrase simple peut aussi comporter des **compléments circonstanciels.**

  Le renard a volé des poules au fermier la semaine dernière (CC de temps).

**Vérifiez que vous avez bien compris la leçon : encadrez le verbe, soulignez le sujet et surlignez deux compléments.**

Ce matin, mon frère a rangé son cartable.

**1 Surlignez le sujet et soulignez le groupe verbal dans ces phrases.**

1. Nous n'avions pas fini de manger !
2. Louise a dit la vérité à sa mère.
3. Ma sœur et toi avez fait les courses.
4. Elle croit avoir raison.
5. « Les Fées » est un conte de Charles Perrault.
6. Hier, nous avons nagé à la piscine.

**2 Choisissez un sujet et un groupe verbal dans les listes pour former des phrases simples.**

**Sujets :** Mon frère et moi • Les skieurs • Le petit garçon • Léo et toi
**Groupes verbaux :** buvez un chocolat chaud • obtient sa première étoile • dévalent la pente • lançons des boules de neige

Aidez-vous de l'**accord du verbe** pour trouver le sujet.

1. ........................................
2. ........................................
3. ........................................
4. ........................................

**3 Complétez ces phrases avec les éléments demandés de votre choix.**

1. (**compl. circonst.**) ........................, ils ont acheté une maison (**compl. circonst.**) ........................ .
2. Des araignées géantes (**groupe verbal**) ........................ (**compl. circonst.**) ........................ .
3. (**sujet**) ........................ pressèrent le pas (**compl. circonst.**) ........................ .
4. Un feu de cheminée (**verbe**) ........................ (**compl. circonst.**) ........................ .
5. (**sujet**) ........................ inspirent beaucoup les poètes (**compl. circonst.**) ........................ .

**4** **Transformez ces groupes nominaux en phrases simples de même sens.**
Ex : Décollage de la fusée demain. → La fusée décollera demain.

1. Arrivée du Tour de France lundi prochain. ..........
2. Découverte d'une nouvelle planète. ..........
3. Construction d'un nouveau pont à Avignon. ..........
4. Gros échec de l'équipe de France en finale. ..........
5. Retour des spationautes sur la terre. ..........
6. Départ de certains vacanciers en août. ..........

**5** J'APPLIQUE POUR LIRE **Surlignez les verbes conjugués et soulignez trois phrases simples.**

La bête se porta un peu en avant. Elle avait un museau et un poitrail minces, des pattes longues, un col plus arrondi et des taches plus petites et moins sombres qu'une panthère ou un léopard. C'était un guépard de forte taille. Patricia le regardait droit dans les yeux et sans plus remuer que si elle avait été une petite statue de bois oubliée dans la brousse.

**Joseph Kessel**, *Le Lion* (1958), chapitre 6 © Gallimard. www.gallimard.fr

**6** J'APPLIQUE POUR DIRE **Un élève donne un verbe, les autres forment une phrase simple en ajoutant respectivement un sujet, un groupe verbal et un complément circonstanciel. Puis inversez les rôles.**

**7** J'APPLIQUE POUR ÉCRIRE **Imaginez des phrases simples (au moins trois) pour chaque construction demandée.**

1. Groupe verbal. ..........
2. Sujet • groupe verbal. ..........
3. CC • sujet • groupe verbal • CC. ..........
4. CC • CC • sujet • groupe verbal • CC • CC ..........
..........
5. CC • sujet • CC • groupe verbal. ..........
..........

## DÉJÀ FINI ?

JEU **8** **Barrez les groupes de mots qui ne sont pas des phrases.**

1. Ils ne nous ont pas reconnus.
2. Route de campagne.
3. Je crois que nous serons en retard.
4. Où allez-vous ?
5. Rouge piétons.
6. Longtemps attendu.
7. Pars sans attendre.
8. Bonnet de bain obligatoire.

DÉFI ! **9** **Rédigez une phrase (avec sujet + groupe verbal + complément circonstanciel) dont tous les mots commencent par la lettre A (sauf les mots outils : *le*, *un*, *en*...).**

10 minutes

..........

# 25 La phrase complexe

Exercices en +
hatier-clic.fr/23c646

Le lapin **détale** quand il **entend** du bruit.

- Une phrase complexe comprend au moins **deux verbes conjugués**.
- Elle contient **autant de propositions** que de **verbes conjugués**.

  J'**attends** mon train (prop. 1) qui **a** du retard. (prop. 2)

- Les différentes propositions d'une phrase complexe peuvent être reliées :
  - par **juxtaposition** grâce à un signe de ponctuation (, ; :).

    Je l'**attends**, je **suis** patiente.
  - par **coordination** grâce à une conjonction de coordination (*mais, ou, et...*) ou un adverbe de liaison (*puis, ensuite...*).

    Je l'**attends**, or il **est** en retard.
  - par **subordination** grâce à un mot subordonnant (*qui, que, quand, dont, parce que...*).

    Je **crois** qu'il **est** en retard.

**Vérifiez que vous avez bien compris la leçon : complétez.**

Il prit la bougie et l'éteignit. Les propositions sont reliées par ..........................

Il prit la bougie ; il l'éteignit. Les propositions sont reliées par ..........................

Il prit la bougie parce qu'il faisait nuit. Les propositions sont reliées par ......................

**1** **Soulignez les verbes conjugués et précisez si les phrases sont simples ou complexes.**

1. La mouette s'élança vers le sable et attrapa le crabe. ..........................
2. Il a plu toute la journée hier. ..........................
3. Les souris dansent puisque le chat est absent. ..........................
4. Le printemps arrivera enfin dans deux semaines. ..........................
5. Mon chien a dormi toute la journée. Quelle chance ! ..........................
6. Les élèves sont allés en permanence car le professeur est en réunion. ..........................

**2** **Soulignez les verbes conjugués et séparez les différentes propositions (/).**

1. Jibril contourne le défenseur, tombe et marque un but.
2. La neige tombe quand l'hiver arrive.
3. Il fit cuire les pommes dans le sucre pour qu'elles caramélisent et ajouta de la cannelle.
4. Tu ne trouves pas que Mathys est un enfant gentil ?

**3** **Précisez comment les propositions des phrases de l'exercice 2 sont reliées entre elles.**

1. ..........................
2. ..........................
3. ..........................
4. ..........................

**4** **Réécrivez les phrases en remplaçant le lien de juxtaposition par un lien de coordination.**
Ex : Il est arrivé en retard**,** il avait perdu ses clés.
→ Il est arrivé en retard **car** il avait perdu ses clés.

1. Le chien aboya, je reculai. ……………………………………
2. Le facteur sonna, repartit. ……………………………………
3. Je tentai de l'attraper ; il disparut. ……………………………………
4. J'arrive, je mange, je dors. ……………………………………

**5** **Transformez ces couples de phrases simples en phrase complexe, en respectant le lien indiqué.**

1. Noé se coucha. Il s'endormit. (**coordination**) ……………………………………
2. Je l'appelai. Il ne vint pas. (**coordination**) ……………………………………
3. La petite appela. Ben accourut. (**juxtaposition**) ……………………………………
4. L'hiver arrive. Il fait froid. (**subordination**) ……………………………………

**6** J'APPLIQUE POUR LIRE **Soulignez les verbes et séparez les propositions (/). Surlignez deux compléments circonstanciels de lieu.**

Le garçon et le renardeau se regardèrent en silence, immobiles. Puis le renardeau se détourna et regagna le terrier. Près de l'entrée, il s'arrêta un instant, jeta un dernier regard à Billy et disparut enfin sous terre.

**Michael Morpurgo**, *Le Secret du renard* (1984), traduit de l'anglais par J.-B. Damien © Pocket Jeunesse

**7** J'APPLIQUE POUR ÉCRIRE **Une fée vous donne le don d'invisibilité. Que faites-vous en premier ? Utilisez des phrases complexes.**

……………………………………
……………………………………
……………………………………
……………………………………
……………………………………

## DÉJÀ FINI ?

JEU **8** **Remettez les lettres dans le bon ordre pour obtenir une phrase complexe.**
HERI, LI TUVALPEI, SONU SNOAV EUJO AXU STECRA.

……………………………………

DÉFI ! **9** **Complétez par le nombre de propositions demandées.** 10 minutes

1. J'irai (**deux propositions**) ……………………………………
2. Nous nous sommes disputés (**trois propositions**) ……………………………………
……………………………………
3. Nous comprenons (**quatre propositions**) ……………………………………
……………………………………
4. Depuis qu'il est arrivé, nous savons (**trois propositions**) ……………………………………
……………………………………

# 26 BILAN La phrase

Écoutez le texte hatier-clic.fr/23c648

▶ Vérifiez que vous avez bien compris les Fiches 22 à 25 avant de traiter ce bilan.

SGANARELLE. – Ah ! ne vous mettez pas en peine. Dites-moi un peu, ce mal l'oppresse-t-il beaucoup ?

GÉRONTE. – Oui, Monsieur.

SGANARELLE. – Tant mieux. Sent-elle de grandes douleurs ?

GÉRONTE. – Oui. [...]

SGANARELLE, *se tournant vers la malade.* – Donnez-moi votre bras. Voilà un pouls qui marque que votre fille est muette.

GÉRONTE. – Eh ! oui, Monsieur, c'est là son mal : vous l'avez trouvé tout du premier coup. [...]

SGANARELLE. – Nous autres grands médecins, nous **connaissons** d'abord les choses. [...]

GÉRONTE. – Oui, mais je **voudrais** bien que vous me pussiez dire d'où cela vient.

**Molière**, *Le Médecin malgré lui* (1666), acte II, scène 4

**1 Recopiez deux phrases impératives.** 2 POINTS

..............................................................................................................................

**2 Recopiez deux phrases interrogatives.** 2 POINTS

..............................................................................................................................

**3 Complétez ce tableau.** 8 POINTS

| Type et forme | Phrase |
|---|---|
| .................................................. | « Sent-elle de grandes douleurs ? » |
| .................................................. | Elle sent de grandes douleurs ! |
| Déclarative négative | .................................................. |
| .................................................. | Ne sent-elle pas de grandes douleurs ? |

**4 « C'est là son mal : vous l'avez trouvé tout du premier coup. » (l. 8)** 4 POINTS

a. Prouvez qu'il s'agit d'une phrase complexe. ..............................................................

b. Quel est le lien qui unit les propositions ? ..............................................................

**5 Poursuivez ce dialogue en utilisant des phrases combinant un type et une ou deux formes.** 8 POINTS

SGANARELLE. – ..............................................................................................................

..............................................................................................................................

GÉRONTE. – ..................................................................................................................

..............................................................................................................................

JE SAIS IDENTIFIER LES CONSTITUANTS DE LA PHRASE

**Ma note globale : ........../ 24**

- entre 0 et 8 points : à consolider
- entre 9 et 16 points : maîtrisé
- entre 17 et 24 points : dépassé

# 27 Dictée préparée Grammaire



▶ Le texte que va vous dicter votre professeur s'appuie sur les notions travaillées dans les Fiches 1 à 4, 11, 12, 18, 23 et 25. Vérifiez que vous les avez bien comprises avant de commencer la dictée.

## JE RÉVISE ET JE PRÉPARE LA DICTÉE

**1 Écrivez les terminaisons de ces groupes nominaux.** ▶ Fiches 1 à 4, 18

1. ce...... hiver
2. une pair...... de gant...... imperméabl........
3. un...... combinaison noir...... et ros......
4. un gro...... bonnet en lain......
5. des chaussure...... fourr..........
6. des flocon...... de neig......

**2 Réécrivez ces phrases.** ▶ Fiches 11 et 12

1. Il est content. → Elle ........................................
2. Tu as fait de la luge. → J'........................................
3. Il a acheté des gâteaux. → Ils ........................................
4. Je pars ce soir. → Nous ........................................
5. Vous êtes géniaux. → Tu ........................................
6. Tu seras à la maison. → Je ........................................

**3 Reliez ces deux phrases simples pour en faire une seule phrase complexe.** ▶ Fiche 25

Il y aura de la neige. Il fait très froid. ........................................

**4 Répondez à chaque question en écrivant une phrase complète.** ▶ Fiche 23

1. Tu as déjà skié ? Non, ........................................
2. Est-ce que tu es contente ? Oui, ........................................
3. Tu veux encore du riz ? Non, ........................................
4. Il vit toujours chez ses parents ? Non, ........................................

## J'ÉCRIS LA DICTÉE

Écoutez la dictée hatier-clic.fr/23c649

........................................

........................................

........................................

........................................

........................................

## JE RELIS MA DICTÉE

- **Première relecture** Je cherche les groupes nominaux et je vérifie leur accord.
- **Deuxième relecture** Je cherche les verbes et je vérifie leur accord. Si j'ai un doute, je cherche le sujet.

## SE CORRIGER EN BINÔME

Je **souligne** mes erreurs dans la dictée et je les **corrige** dans le tableau. En binôme je réfléchis à ce que je dois **vérifier** pour ne plus les refaire.

| LES MOTS CORRIGÉS | COMMENT NE PLUS REFAIRE CES ERREURS |
| --- | --- |
| | |

# 28 MÉTHODE Analyser un verbe

Reportez-vous également à la **Fiche 6** sur le verbe.

### ✔ Je repère le verbe conjugué

ÉTAPE 1

- Un verbe conjugué est encadré par ***ne… pas*** à la forme négative.
  J'**aime** danser. → Je n'**aime** pas danser.
- Un verbe conjugué peut varier en **temps** et en **personne**.
  Je **vais** à l'école. → j'**irai**, tu **allais**

### ✔ J'identifie le temps et la personne du verbe conjugué

ÉTAPE 2

- Pour identifier le **temps**, j'observe la **forme verbale** :
  – si elle ne comporte qu'**un seul mot**, le verbe est à un **temps simple**.
  – si elle comporte **deux mots** (auxiliaire + participe passé), le verbe est à un **temps composé**.
  ils faisaient (temps simple : imparfait)
  nous avons fini (temps composé : passé composé)
- Pour identifier la **personne** et le **temps**, j'observe le **sujet** et la **terminaison** (partie variable).
  **tu** pouvais (2e pers. du sing., imparfait)
  **Les enfants** peuvent (3e pers. du plur., présent)

### ✔ J'identifie le groupe du verbe

ÉTAPE 3

- Connaître le groupe du verbe permet de savoir le **conjuguer** à différents **temps**.

| | | |
|---|---|---|
| Infinitif en ***-er*** (sauf *aller*) | **1er groupe** | essay**er** |
| Infinitif en ***-ir*** (radical en ***-iss*** au pluriel) | **2e groupe** | chois**ir** (nous chois**iss**ons) |
| Autres verbes | **3e groupe** | dire, répondre, croire |

### ✔ J'identifie les verbes non conjugués

ÉTAPE 4

- L'**infinitif** et le **participe** sont des modes qui ne se conjuguent pas à différentes personnes.
- L'**infinitif présent** est la forme du verbe qu'on trouve dans le dictionnaire.
- Le **participe passé** sert à former les temps composés.
  aider (infinitif présent) — avoir aidé (infinitif passé)
  aidant (participe présent) — aidé (participe passé)

## J'APPLIQUE LA MÉTHODE

**1** **a. Soulignez les verbes conjugués et entourez ceux à l'infinitif.**
**b. Surlignez la terminaison des verbes conjugués.**

1. Les enfants jouaient.
2. Son rire s'était communiqué à toute l'assemblée.
3. Il faudrait dormir.
4. Elle m'adressa un sourire.
5. Ta montre semble neuve.
6. Quand viendrez-vous me voir ?
7. S'énerver ne résout rien.
8. Viens nous aider !

# 29 Le présent de l'indicatif et ses emplois : cas fréquents

Exercices en +
hatier-clic.fr/23c651

En ce moment, je **révise** ma leçon.

● **Emplois** Le présent sert à évoquer :
- des faits en train de se dérouler (**présent d'actualité**), Le professeur **explique** la leçon.
- des faits toujours vrais (**présent de vérité générale**), La Terre **tourne** autour du Soleil.
- des **habitudes**, Il **invite** sa grand-mère tous les dimanches.
- une scène vivante dans un récit au passé (**présent de narration**).
  Le héros se rua sur son adversaire. Tout à coup, il **sort** son épée !

● **Conjugaison** (Voir aussi ▶ **Fiche 30**)

| | | |
|---|---|---|
| **1er groupe** | -e, -es, -e, -ons, -ez, -ent | je cri**e**, tu cri**es**, nous cri**ons**, elles cri**ent** |
| **2e groupe** et la plupart des verbes du **3e groupe** | -s, -s, -t, -ons, -ez, -ent | il par**t**, elles par**tent** |
| **Attention**, les verbes du 2e groupe ont un radical en *-iss* au pluriel. | | (je fini**s**), nous finiss**ons** |

● **Verbes fréquents**
**être** : je suis, tu es, elle est, nous sommes, vous êtes, ils sont
**avoir** : j'ai, tu as, il a, nous avons, vous avez, elles ont
**aller** : je vais, tu vas, on va, nous allons, vous allez, ils vont

**Vérifiez que avez bien compris la leçon : cochez les phrases vraies.**

Au présent :
- tous les verbes ont les mêmes terminaisons au pluriel. ☐
- on peut trouver du présent dans un texte au passé. ☐
- les verbes du 3e groupe ont toujours les mêmes terminaisons. ☐
- les verbes du 2e groupe ont un radical en *-iss* au pluriel. ☐

**1** ■ **Entourez la bonne terminaison.**

1. ils chant**e/es/ent**
2. tu rêv**e/ent/es**
3. elle jou**e/es/s**
4. il réussi**t/s/e**
5. elles pla**çent/cent/ces**
6. tu chois**ies/s/t**

Attention :
**c → ç** devant *a/o/u* ;
**g → ge** devant *a/o* ;
**y → i** devant *e*.

7. nous rang**ons/uons/eons**

**2** ■ **Conjuguez au présent.**

| changer | envoyer | agir |
|---|---|---|
| il, elle ........................ | tu ........................ | j'........................ |
| nous ........................ | nous ........................ | il, elle ........................ |
| vous ........................ | ils, elles ........................ | vous ........................ |

**3** ■ **Conjuguez au présent.**

1. créer : je ........................
2. exagérer : vous ........................
3. régler : nous ........................
4. lire : vous ........................
5. exclure : tu ........................
6. bondir : elles ........................
7. remplir : vous ........................
8. éternuer : il ........................
9. balancer : nous ........................
10. aller : ils ........................
11. conclure : je ........................
12. faire : elle ........................

**4** **Que font les personnages ?**

..............................................................................................................................

..............................................................................................................................

**5** **Dans chacune des phrases, précisez l'emploi du présent.**

1. On a souvent besoin d'un plus petit que soi. ..............................................
2. Il fait beau ce matin. ..............................................
3. Le petit travaillait à ses leçons. Tout à coup, la porte s'ouvre. ..............................................
4. Je vais au cinéma tous les mercredis. ..............................................

**6** J'APPLIQUE POUR LIRE **Conjuguez les verbes au présent.**

Pâris et Ménélas (*enfiler*) .................................... leurs armures. Puis ils (*se ranger*) ...................................., loin de la foule, entre les lignes des Troyens et des Achéens. Ils (*se foudroyer*) .................................... du regard et (*impressionner*) .................................... tout le monde. Enfin, pleins de haine, ils (*s'arrêter*) .................................... l'un en face de l'autre dans le champ délimité et (*brandir*) .................................... leurs lances.

D'après **Homère**, *L'Iliade* (VIII$^e$ s. av. J.-C.), traduit et adapté par Ch. Moriousef (2014) © Gallimard Jeunesse

**7** J'APPLIQUE POUR ÉCRIRE **Inventez la suite du texte de l'exercice 6. Soulignez les verbes.**

..............................................................................................................................

..............................................................................................................................

..............................................................................................................................

..............................................................................................................................

## DÉJÀ FINI ?

JEU **8** **Placez les verbes dans les bonnes valises.**

vouvoyer • remercier • produire • bégayer • agir • noyer • affaiblir • tracer • écrire • ennuyer • savoir

DÉFI ! **9** **À partir de ces lettres, formez le plus de verbes conjugués possible (au moins dix). Chaque lettre doit servir au moins une fois !**

10 minutes

U Z R B A E Q V I J D Y F O P M I N T S

..............................................................................................................................

# 30 Le présent de l'indicatif et ses emplois : quelques particularités du 3e groupe

Il **vend** de vieux livres.

Exercices en +
hatier-clic.fr/23c653

- La plupart des verbes du 3e groupe ont les **terminaisons** : -s, -s, -t, -ons, -ez, -ent
- Quelques **exceptions aux personnes du singulier**.

| | | |
|---|---|---|
| ***pouvoir, vouloir*** | -x aux 1re et 2e pers. | je peu**x**, tu veu**x** |
| ***cueillir, (dé)couvrir, offrir, souffrir, ouvrir*** | -e, -es, -e | je cueill**e**, tu couvr**es** |
| Verbes en ***-dre*** (sauf en ***-indre/-soudre***) | -ds, -ds, -d | tu mor**ds**, il cou**d** |
| Verbes en ***-ttre*** | -ts, -ts, -t | je ba**ts**, tu me**ts**, elle perme**t** |

- Quelques **exceptions aux personnes du pluriel**.

| | | |
|---|---|---|
| ***dire, faire*** | -tes à la 2e pers. | vous di**tes**, vous fai**tes** |
| Verbes en ***-indre*** | -gn | (je peins), nous pei**gn**ons |

- Enfin, certains verbes présentent **plusieurs radicaux**.

| | | |
|---|---|---|
| ***devoir*** (je dois/nous devons) | ***venir*** (vous venez/ils viennent) | ***vouloir*** (je veux/nous voulons) |

**Vérifiez que vous avez bien compris la leçon : transposez au singulier ou au pluriel.**

1. nous couvrons → ..................................
2. elles apprennent → ..............................
3. il se plaint → ..........................................
4. vous transmettez → ...........................

## 1 Complétez le tableau.

| Verbes | 1re personne du singulier | 1re personne du pluriel |
|---|---|---|
| promettre | ................................ | ................................ |
| ................................ | je crains | ................................ |
| ................................ | ................................ | nous mourons |
| mettre | ................................ | ................................ |
| ................................ | je prends | ................................ |
| ................................ | je fais | ................................ |
| cueillir | ................................ | ................................ |

## 2 Conjuguez les verbes au présent.

1. J'(*atteindre*) .............................. le sommet.
2. Tu (*répondre*) .......................... rapidement.
3. Je (*vouloir*) ................................... réussir.
4. Ces nouvelles (*surprendre*) .......................... ...................... tout le monde.
5. Vous (*dire*) ................................ des âneries.
6. Nous (*éteindre*) ............................ la lumière.
7. Je (*perdre*) ...................... souvent mes clefs.
8. Tu (*mettre*) .......................... trop de temps !
9. Tu (*paraître*) ..................................... fatigué.

## 3 J'APPLIQUE POUR DIRE **À tour de rôle, inventez des phrases avec chacun des verbes de l'exercice 1, en utilisant à chaque fois une personne différente.**

# 31 L'imparfait de l'indicatif et ses emplois

Exercices en + hatier-clic.fr/23c654

Quand j'**étais** petit, j'**allais** souvent chez mes grands-parents.

- **Emplois** L'imparfait s'utilise :
  - dans les **descriptions**, Il **faisait** beau.
  - pour évoquer un **fait en train de se dérouler**, Nous **étions** à table.
  - pour évoquer une **habitude passée**, Nous **jouions** aux cartes tous les jours.
  - pour évoquer une **action secondaire**, par rapport à une action au premier plan au passé simple ▶ Fiche 32. Il **lisait** quand on arriva.
- **Conjugaison** Tous les verbes ont les **mêmes terminaisons** : -ais, -ais, -ait, -ions, -iez, -aient.
- **Formation**

| RADICAL de la 1re personne du pluriel au présent | + TERMINAISONS de l'imparfait |
|---|---|
| nous **écriv**ons (présent) | j'**écriv**ais, tu **écriv**ais..., nous **écriv**ions... |
| nous **pli**ons (présent) | je **pli**ais..., nous **pli**ions, vous **pli**iez... |

⚠ Le verbe ***être*** se conjugue sur un radical différent de celui du présent.
**être** → j'étais, tu étais, il était, nous étions, vous étiez, elles étaient

**Vérifiez que vous avez bien compris la leçon : complétez ce tableau.**

| Infinitif | Présent | Imparfait |
|---|---|---|
| finir | nous ............ | tu ............ |
| crier | nous ............ | nous ............ |

**1** **Ajoutez la terminaison d'imparfait.**

1. je dorm............
2. elles part............
3. tu fais............
4. nous réussiss............
5. vous aboy............
6. nous continu............

**2** **Soulignez les verbes à l'imparfait.**

1. j'irai
2. nous avions
3. on dansait
4. vous jouiez
5. nous croyons
6. il volera
7. nous appréciions
8. vous triez
9. je défais
10. nous payions
11. tu disais
12. elles partent

**3** **Conjuguez à l'imparfait aux personnes demandées.**

1. Les enfants (*courir*) ............ dehors.
2. Vous (*s'éloigner*) ............ du but.
3. La leçon que nous (*étudier*) ............ était difficile.
4. Je (*choisir*) ............ avec soin mes amis.
5. Autrefois, Paul et toi (*multiplier*) ............ les bêtises.
6. Mon père et moi (*essuyer*) ............ la vaisselle quand le téléphone sonna.

**4** **a. Soulignez, puis corrigez les verbes mal orthographiés.**

Tous les après-midi, nous allions nous promener et discutiont jusqu'à la nuit tombée. Comme il fesait bon ce soir-là ; comme la fraîcheur du soir nous enveloppions ! Nous ne nous soucions de rien. Même le chien, qui d'ordinaire aboiaient à notre passage, se taisait.

**b. Identifiez les emplois de l'imparfait dans les trois premières phrases.**

**5** **Recopiez les phrases en les transposant au singulier ou au pluriel.**

N'oubliez pas les **cédilles** des verbes en ***-cer*** et les ***-e*** des verbes en ***-ger***.

1. Nous avancions avec prudence.
2. Je lui envoyais une lettre tous les mois.
3. Elle ne mangeait pas à sa faim.
4. Tu suppliais que l'on t'écoute.

**6** J'APPLIQUE POUR LIRE **Réécrivez ce texte en remplaçant *elle* par *nous*.**

Lorsqu'Antoine parlait, elle tremblait en elle-même, et recueillait les moindres sons de cet organe chéri ; s'il lui adressait la parole, elle rougissait et n'osait le regarder ; enfin, elle l'aimait de toutes les forces de son âme [...].

**Honoré de Balzac**, *La Dernière Fée ou La Nouvelle lampe merveilleuse* (1823).

**7** J'APPLIQUE POUR ÉCRIRE **Décrivez un lieu de votre enfance en utilisant au moins quatre verbes à l'imparfait.**

## DÉJÀ FINI ?

JEU **8** **Retrouvez les verbes de ces phrases à l'imparfait (une lettre par trait).**

1. Tous les matins, tu F_ _ _ _ _ _ la même promenade.
2. Au bout d'une heure, tu C_ _ _ _ _ _ _ _ _ _ à t'ennuyer.
3. L'an dernier, je J_ _ _ _ _ au football le mercredi.
4. Nous R_ _ _ _ _ _ _ _ _ _ souvent des histoires à notre petite sœur.

DÉFI ! **9** **Conjuguez les verbes *réfléchir*, *savoir*, *confier*, *se taire* et *travailler* à l'imparfait, en commençant par la dernière personne (*ils…*, *vous…*).**

2 minutes

# 32 Le passé simple de l'indicatif et ses emplois

Exercices en + hatier-clic.fr/23c656

Quand je l'**entendis**, je me **précipitai** hors de mon lit.

● **Emplois** Le passé simple s'utilise surtout à l'écrit, dans les **récits** d'événements passés.
Il permet d'évoquer des **actions** :
- bien **délimitées dans le temps**, — La compétition **dura** tout l'après-midi.
- importantes et qui font **avancer l'histoire**, — Soudain, un navire **apparut** au loin.
- situées au **premier plan** par rapport à d'autres, secondaires, à l'imparfait.
  Il lisait quand il **entendit** frapper à la porte.

● **Conjugaison**

| 1er groupe + *aller* → voyelle **-a** (sauf 3e du plur.) | 2e groupe → voyelle **-i** | 3e groupe → voyelle **-i/-u** → **-in** (*venir/tenir* et leurs composés) | | |
|---|---|---|---|---|
| -ai | -is | -is | -us | -ins |
| -as | -is | -is | -us | -ins |
| -a | -it | -it | -ut | -int |
| -âmes | -îmes | -îmes | -ûmes | -înmes |
| -âtes | -îtes | -îtes | -ûtes | -întes |
| -èrent | -irent | -irent | -urent | -inrent |

**Vérifiez que vous avez bien compris la leçon : barrez les erreurs.**

**1.** nous crûmes **2.** vous voulâtes **3.** nous prîmes
**4.** nous faisâmes **5.** je parvenis **6.** je disa

**1** **Triez les verbes et précisez entre parenthèses leur groupe.**

donner • vouloir • revenir • aller • faiblir • voir • effrayer • croire • dormir • appartenir

| Passé simple en **-a** | Passé simple en **-i** | Passé simple en **-u** | Passé simple en **-in** |
|---|---|---|---|
| .................... | .................... | .................... | .................... |
| .................... | .................... | .................... | .................... |

**2** **Conjuguez ces verbes des 1er et 2e groupes au passé simple.**

**1.** je chant..........
**2.** vous plong..........
**3.** il pli..........
**4.** nous fin..........
**5.** tu chang..........
**6.** elles sais..........
**7.** on faibl..........
**8.** ils hurl..........

Au singulier, le passé simple des verbes du 2e groupe est **identique au présent**.

**3** **Conjuguez ces verbes du 3e groupe au passé simple.**

**1.** je (*courir*) ..........
**2.** nous (*voir*) ..........
**3.** il (*devoir*) ..........
**4.** je (*conduire*) ..........
**5.** tu (*retenir*) ..........
**6.** elles (*recevoir*) ..........

**4** **Transposez au passé simple.**

Cherchez d'abord à quel **groupe** appartient le verbe.

1. Elle écrit à sa tante. ........................................
2. Nous élaborons un plan. ........................................
3. Tu obéis aux ordres. ........................................
4. Je débarrasse la table. ........................................
5. Vous ne le croyez pas. ........................................

**5** **Reliez chaque verbe en gras à son temps et son emploi.**

| | | |
|---|---|---|
| 1. La vieille femme **cousait** près du feu. • | • passé simple • | • habitude |
| 2. On **entendit** un bruit assourdissant. • | • imparfait • | • action secondaire |
| 3. Tous les matins, je **prenais** le bus. • | • passé simple • | • action délimitée |
| 4. Tandis qu'il **dormait**, elle s'en alla. • | • imparfait • | • action importante |
| 5. La réunion ne **dura** que quarante minutes. • | • imparfait • | • premier plan |
| 6. Je dormais quand ma mère m'**appela**. • | • passé simple • | • description |

**6** J'APPLIQUE POUR LIRE **Conjuguez au passé simple ou à l'imparfait.**

Il (*être*) .................. une fois une Reine qui (*accoucher*) .................. d'un fils, si laid et si mal fait, qu'on (*douter*) .................. longtemps s'il (*avoir*) .................. forme humaine. [...] J'(*oublier*) .................. de dire qu'il (*venir*) .................. au monde avec une petite houppe de cheveux sur la tête, ce qui (*faire*) .................. qu'on le (*nommer*) .................. Riquet à la Houppe.

**Charles Perrault**, « Riquet à la Houppe », *Contes* (1697)

**7** J'APPLIQUE POUR ÉCRIRE **Imaginez ce qui s'est passé avant la scène représentée. Racontez au passé simple.**

........................................
........................................
........................................
........................................

## DÉJÀ FINI ?

JEU **8** **Barrez les verbes des 1er et 2e groupes et conjuguez ceux qui restent au passé simple afin de reconstituer la devinette.**

hurladanschoisîmesquellavaipaysnaîtrecharlesréunirentperraultetà réussitquelsiècle donnavivreil ?

**Devinette :** ........................................

**Réponse :** ........................................

DÉFI ! **9** **Trouvez les verbes antonymes des verbes proposés. Puis, complétez la pyramide en conjuguant les verbes trouvés à la 1re personne du singulier au passé simple.**

1. *ignorer* → antonyme : ..............................
2. *donner* → antonyme : ..............................
3. *disparaître* → antonyme : ..............................
4. *décoller* → antonyme : ..............................

1. [....] [....] [....]
2. [....] [....] [....] [....]
3. [....] [....] [....] [....] [....]
4. [....] [....] [....] [....] [....] [....]

# 33 Le futur simple de l'indicatif et ses emplois

Exercices en + hatier-clic.fr/23c658

Demain nous **rangerons** notre chambre.

- **Emplois** Le futur simple permet de situer une action dans l'**avenir** ou de **donner un ordre**.
  Samedi, nous **irons** au cinéma. Tu **apprendras** ta leçon pour demain.
- **Conjugaison** Tous les verbes se terminent par : -(r)ai, -(r)as, -(r)a, -(r)ons, -(r)ez, -(r)ont
- **Formation**

| | | |
|---|---|---|
| Verbes en *-er* et en *-ir* | infinitif<br>+ terminaisons -ai, -as, -a, -ons, -ez, -ont | j'**oublier**ai, nous **partir**ons |
| Certains verbes en *-re* | infinitif sans *-e* final<br>+ terminaisons -ai, -as, -a, -ons, -ez, -ont | on **prendr**a, ils **dir**ont |

- **Attention :** de nombreux verbes sont **irréguliers**.

| | |
|---|---|
| Verbes doublant le *-r* | ***pouvoir*** (je pou**rr**ai), ***voir*** (je ve**rr**ai), ***envoyer*** (j'enve**rr**ai),<br>***courir*** (je cou**rr**ai), ***mourir*** (je mou**rr**ai) |
| Autres verbes | ***aller*** (j'**ir**ai), ***avoir*** (j'**aur**ai), ***être*** (je **ser**ai), ***vouloir*** (je **voudr**ai),<br>***venir*** (je **viendr**ai), ***tenir*** (je **tiendr**ai), ***faire*** (je **fer**ai), ***savoir*** (je **saur**ai) |

**Vérifiez que vous avez bien compris la leçon : conjuguez au futur.**

1. il (*marcher*) ..........................................
2. vous (*dormir*) ..........................................
3. tu (*lire*) ..........................................
4. je (*voir*) ..........................................

## 1 Soulignez les verbes au futur simple.

1. j'oserais
2. elle hurlera
3. nous souffrons
4. tu pensas
5. il rendra
6. vous retiendrez
7. je tombai
8. ils suivront
9. tu perdais

Attention aux **modifications de radical**.

## 2 Conjuguez au futur simple.

1. tu (*jouer*) ..........................................
2. nous (*grandir*) ..........................................
3. il (*plier*) ..........................................
4. ils (*payer*) ..........................................
5. tu (*apercevoir*) ..........................................
6. vous (*devoir*) ..........................................
7. elles (*accomplir*) ..........................................
8. il (*blesser*) ..........................................
9. nous (*intervenir*) ..........................................
10. elles (*finir*) ..........................................

## 3 Écrivez cinq phrases au futur simple sur ce qu'Arthur a prévu de faire lors de ses prochaines vacances.

..........................................................................................

..........................................................................................

**4** ■ **Barrez, puis corrigez les verbes mal orthographiés.**

Bientôt, Gaspard partira en Allemagne. Il vivera chez son oncle. Il allera à l'université où il apprendra le droit et poura perfectionner son allemand. Nous lui écrivrons le plus souvent possible et lui envoirons des photos. Espérons qu'il ne s'expatrira pas définitivement !

..........................................................................................

**5** ■ **a. Transposez les phrases au futur simple.**
**b. Précisez l'emploi de chacun des futurs.**

1. Il défie son adversaire : ..........................................................................
2. Nous parions sur ta victoire : ..........................................................................
3. Tu fais tes devoirs ! : ..........................................................................
4. À l'arrivée, les marins déploient la voile : ..........................................................................

..........................................................................................

**6** ■ J'APPLIQUE POUR ÉCRIRE **Rédigez au futur cinq ordres que vous pourriez donner à votre frère/sœur, cousin/cousine…**

..........................................................................................

..........................................................................................

..........................................................................................

## DÉJÀ FINI ?

JEU **7** **Retrouvez sept verbes au futur dans la grille.**

..........................................................................................

..........................................................................................

| | | | | | | |
|---|---|---|---|---|---|---|
| V | F | A | T | N | O | R |
| A | A | G | O | W | B | D |
| R | N | I | E | R | A | I |
| E | A | R | N | O | T | D |
| T | E | O | I | C | I | O |
| R | R | N | U | R | R | X |
| O | G | T | A | E | E | A |
| P | N | S | S | M | Z | Z |

DÉFI ! **8** **a. Conjuguez au futur les antonymes des verbes.** 10 minutes
**b. Puis remettez les parties surlignées dans le bon ordre afin de trouver la qualité nécessaire à la réussite !**
**c. Enfin, conjuguez chaque verbe trouvé à la même personne du pluriel.**

elle (*plaire*) _ ■ _ _ _ _ _ _
il (*s'endormir*) ■ ■ ■ _ _ _ _ _ _ _
je (*gagner*) ■ ■ ■ _ _ _ _
j' (*refuser*) _ _ ■ ■ _ _ _ _ _ _
tu (*ranger*) _ _ ■ ■ ■ _ _ _ _ _

→ Qualité nécessaire à la réussite : la ■ ■ ■ ■ ■
→ Verbes au pluriel : ..........................................................................

..........................................................................................

# 34 Le conditionnel présent et ses emplois

J'**irais** bien au cinéma.

Exercice en + hatier-clic.fr/23c660

● **Emplois** Le conditionnel présent est considéré comme un temps de l'indicatif qui sert à exprimer principalement :

- un **souhait**, *J'**aimerais** que tu viennes.*
- un **fait incertain**, *Il **devrait** pleuvoir.*
- une **action soumise à condition**. *S'il faisait beau, nous **sortirions**.*

● **Formation**

**Radical** du futur simple + **terminaisons de l'imparfait** (-ais, -ais, -ait, -ions, -iez, -aient).

**Vérifiez que vous avez bien compris la leçon : conjuguez !**

| | Imparfait | Futur simple | Conditionnel présent |
|---|---|---|---|
| regarder | je ............................ | je ............................ | je ............................ |
| voir | je ............................ | je ............................ | je ............................ |
| faire | je ............................ | je ............................ | je ............................ |

**1** **Soulignez les verbes au conditionnel présent. À l'oral, précisez le temps des autres verbes.**

1. il devait
2. je cacherais
3. tu pouvais
4. vous battriez
5. je quitterai
6. elles s'étonneraient
7. nous donnerons
8. tu grandissais
9. on trouverait

Ne pas confondre avec l'**imparfait** (formé sur la 1re pers. du plur. au présent) et avec le **futur simple** (terminaisons différentes).

**2** **Précisez l'emploi du conditionnel.**

1. Elle voudrait une réponse. ..............................................................................
2. Il partirait s'il le pouvait. ..............................................................................
3. Il arriverait dimanche, semble-t-il. ..............................................................................
4. Avec plus d'entraînement, il y parviendrait. ..............................................................................

**3** **Choisissez le temps correct : futur simple ou conditionnel présent.**

1. Je rêver........ de partir.
2. Je finir...... demain.
3. Nous ir........ en Espagne, c'est décidé.
4. Je pourr........ t'emmener si tu le souhaitais.
5. Si tu travailles, je t'offrir...... un vélo.
6. J'aur...... un nouveau manteau bientôt.
7. Il ser...... content si tu venais.

**4** J'APPLIQUE POUR DIRE **Proposez un emploi du conditionnel ou du futur simple à votre voisin. Celui-ci a une minute pour inventer une phrase correspondant à cet emploi. Inversez ensuite les rôles.**

Ex : emploi : fait incertain → phrase : *Apparemment il viendrait cet été.*

# 35 La formation des temps composés

Il **a** finalement **trouvé** une solution.

**Formation** Les temps composés sont formés de **deux mots** : l'**auxiliaire** *être* ou *avoir* et un **participe passé**.

| | | |
|---|---|---|
| auxiliaire au **présent** | + participe passé | → **passé composé** tu as mangé/il est parti |
| auxiliaire à l'**imparfait** | | → **plus-que-parfait** tu avais mangé/il était parti |
| auxiliaire au **futur simple** | | → **futur antérieur** tu auras mangé/il sera parti |
| auxiliaire au **passé simple** | | → **passé antérieur** tu eus mangé/il fut parti |

**Terminaisons du participe passé**

| Verbes du 1er groupe + *aller* : -é | Verbes du 2e groupe : -i | Verbes du 3e groupe : -i/-u/-s/-t |
|---|---|---|
| all**é**, pli**é** | fin**i**, chois**i** | sent**i**, voul**u**, pri**s**, fai**t** |

Pour savoir s'il y a une consonne finale muette comme *-s* ou *-t*, on met le participe au **féminin** en disant *elle est…* mettre → elle est mi**se** → mis

**Vérifiez que vous avez bien compris la leçon : soulignez les verbes conjugués à un temps composé.**

1. Vous avez compris la leçon.
2. Nous sommes heureux.
3. Elle avait su la vérité.
4. Tu seras délégué.
5. Ils furent venus.

**1** **a. Soulignez le verbe et indiquez son infinitif.**
**b. Précisez le temps de l'auxiliaire puis celui du verbe.**

Pour identifier le verbe, il faut regarder le **participe passé**.

1. je fus arrivé : ……
2. il aura conduit : ……
3. tu as permis : ……
4. elles s'étaient écriées : ……

**2** **a. Formez les participes passés de ces verbes des 1er et 2e groupes.**

1. louer : ……
2. vieillir : ……
3. trembler : ……
4. grandir : ……
5. réunir : ……
6. parler : ……

**b. Formez les participes passés de ces verbes du 3e groupe.**

1. conduire : …… (elle est ……)
2. lire : …… (elle est ……)
3. offrir : …… (elle est ……)
4. atteindre : …… (elle est ……)
5. suivre : …… (elle est ……)
6. permettre : …… (elle est ……)

**3** **Soulignez les verbes. Nommez les temps utilisés.**

1. Elles ont reçu une bonne nouvelle. ……
2. Je n'avais rien prévu. ……
3. Tu allais faire tes valises. ……
4. Nous irons dès qu'ils seront rentrés. ……

# 36 Le passé composé de l'indicatif et ses emplois

Il m'**a téléphoné** et il **est venu** à la maison.

- **Emplois** Le passé composé s'utilise à l'**oral**, dans les **dialogues écrits** et les **textes non littéraires** (résumés, journaux, etc.).
  Il permet d'évoquer une action ayant eu lieu **avant** une autre exprimée au présent.
  C'est ce qu'on appelle l'**antériorité**.
  Je sais que tu **as gagné** la course.
  action 2 (sais) — action 1 (as gagné)
- **Formation** Auxiliaire ***être*** ou ***avoir*** au **présent** + **participe passé** du verbe conjugué.
  j'ai vu — je suis venu — tu as pris
- **RAPPEL :** Avec *être*, le participe passé s'accorde avec le sujet. Ils sont parti**s**.

**Vérifiez que vous avez bien compris la leçon : entourez V (vrai) ou F (faux).**

Le passé composé :
- comporte un auxiliaire au présent et un participe passé. V F
- est le principal temps employé dans les récits. V F
- comporte un participe passé qui s'accorde avec le sujet si l'auxiliaire est *être*. V F

**1** **Complétez ce tableau.**

| Verbes | Passé composé | Verbes | Passé composé |
|---|---|---|---|
| jeter | il .................. | prendre | tu .................. |
| voir | j'.................. | lire | nous .................. |
| faire | elles .................. | tomber | elle .................. |

**2** **a. Soulignez les verbes au passé composé.**
**b. Indiquez leur infinitif.**

Certains participes passés peuvent être **éloignés** de leur auxiliaire.

Zeus a décidé de marier la nymphe Thétis et le mortel Pélée.
Une grande fête se prépare. Mais on a, volontairement ou non, oublié d'inviter Eris, la déesse de la discorde. Elle est furieuse… Elle a été humiliée ! Comment a-t-on pu l'offenser ainsi ?

..............................................................................................................

**3** **Transposez les verbes en gras au passé composé.**

Une forêt de bras **s'élève** .................. alors et **scande** .................. en mesure le nom du jeune chef. Idas **se tait** .................., rageur. Jason **rayonne** .................. . Il **lève** .................. les deux bras en signe de victoire et d'allégresse et **se retourne** .................. une dernière fois vers la terre. […] Il **envoie** .................. de loin un signe à son père adoptif et **monte** .................. dignement sur l'*Argo*.

**N. Porcar**, *Jason et le défi de la toison d'or* (2014) © Nathan

**4** J'APPLIQUE POUR ÉCRIRE **À deux, écrivez un court dialogue au passé composé puis jouez-le.**

# 37 Le plus-que-parfait de l'indicatif et ses emplois

Il s'évanouit car il n'**avait** rien **mangé** depuis la veille.

- **Emplois** Le plus-que-parfait fait partie des **temps du récit**.
Il permet d'évoquer une action ayant eu lieu **avant** une autre exprimée à l'imparfait ou au passé simple. C'est ce qu'on appelle l'**antériorité**.
  Il rentrait (action 2) chez lui quand il **avait terminé** (action 1) ses devoirs.

- **Formation** Auxiliaire ***être*** ou ***avoir*** à l'**imparfait** + **participe passé** du verbe conjugué.
  j'avais cru    elle était partie    nous avions pensé

**Vérifiez que vous avez bien compris la leçon : barrez les verbes qui ne sont pas au plus-que-parfait !**

elles avaient réussi • ils sont partis • tu auras pensé • ils ont • tu avais souri

**1** **Complétez ce tableau.**

| Verbes | Plus-que-parfait | Verbes | Plus-que-parfait |
|---|---|---|---|
| venir | elle ................ | dire | tu ................ |
| savoir | j'................ | boire | nous ................ |
| peindre | elles ................ | rester | ils ................ |

**2** **Choisissez le temps correct : imparfait ou plus-que-parfait.**

Lisez le texte **en entier** avant de déterminer le temps des verbes.

Pierrot et Colombine (*grandir*) ................ ensemble sur les bancs de l'école du village. Ils (*être*) ................ si souvent réunis que tout le monde (*imaginer*) ................ que plus tard ils se marieraient. Pourtant la vie les (*séparer*) ................, lorsque Pierrot (*devenir*) ................ mitron.

D'après **Michel Tournier**, « Pierrot ou les secrets de la nuit », *Sept contes* (1979) © Gallimard

**3** **Trouvez la bonne place des verbes et conjuguez-les au temps correct : passé simple ou plus-que-parfait :** attaquer • embarquer • suivre • donner • emporter

Le jeune Renaud ................ à bord de l'« Espérance » pour porter un message secret au roi Tancred. Il ................ avec lui l'anneau porte-bonheur que lui ................ sa mère. Mais après trois jours de voyage, des pirates, qui l'................ depuis Saint-Malo, ................ le vaisseau.

**4** J'APPLIQUE POUR ÉCRIRE **Inventez la suite du texte de l'exercice 3. Utilisez des verbes au plus-que-parfait.**

Le jeune garçon cacha ................................................................

................................................................................

................................................................................

# 38 Le présent de l'impératif et ses emplois

Exercices en +
hatier-clic.fr/23c664

**Sors** tes affaires !

- **Emplois** Le mode impératif permet de donner un **ordre** ou un **conseil**.
  **Range** ! **Réessaie**, tu vas y arriver.
- **Particularités** Le verbe ne se conjugue qu'à **trois personnes**. Le sujet n'est jamais exprimé.
  par**s**, part**ons**, part**ez**
- **Conjugaison** Les terminaisons sont les **mêmes** qu'au **présent de l'indicatif** sauf pour :
  – les verbes en ***-e*** et le verbe ***aller*** qui **perdent le *-s*** à la 2e personne du singulier.
  jou**e** cueill**e** **va**
  – quelques **exceptions**.
  **être** : sois, soyons, soyez **avoir** : aie, ayons, ayez
  **savoir** : sache, sachons, sachez

**Vérifiez que vous avez bien compris la leçon : barrez les fausses affirmations.**

**À l'impératif...**

**1.** le verbe se conjugue à trois personnes.

**2.** on peut exprimer un doute.

**3.** le sujet est sous-entendu.

**1** **Conjuguez au présent de l'impératif à toutes les personnes.**

1. partager : ..........
2. surgir : ..........
3. appuyer : ..........
4. peindre : ..........

**2** **Conjuguez les verbes à la 2e personne du singulier au présent de l'impératif.**

« (*Démolir*) .......... ta maison pour te faire un bateau ! (*Renoncer*) .......... à tes richesses ! (*Se détourner*) .......... de tes biens, (*chercher*) .......... la vie sauve, [...] (*embarquer*) .......... avec toi des spécimens de tous les animaux. »

D'après *Gilgamesh* (IIe millénaire av. J.-C.), adaptation de **Léo Scheer** (2012) © Hachette Livre

**3** **Transposez à l'impératif.**

1. Tu vas à l'école. ..........
2. Tu y vas. ..........
3. Nous prenons ce livre. ..........
4. Vous êtes sûrs de vous. ..........
5. Tu cueilles des mûres. ..........
6. Tu les ouvres. ..........
7. Tu en manges. ..........
8. Nous le lui donnons. ..........

Quand le verbe est suivi de **en** ou **y**, on ajoute un **-s** aux verbes en *-e* : *pense à lui*/*pense**s**-y*.

**4** J'APPLIQUE POUR ÉCRIRE **Proposez une recette de cuisine ou expliquez les règles d'un jeu en utilisant le présent de l'impératif à la 2e personne du pluriel.**

..........

..........

# 39 Les modes non personnels

Exercice en +
hatier-clic.fr/23c665

Nous avons **décidé** de **déménager**.

● L'**infinitif** et le **participe** sont des modes qui ne se conjuguent pas à différentes personnes.

| | | |
|---|---|---|
| **Infinitif présent** | terminaison en -er, -ir, -oir, -re | donn**er**, fin**ir**, v**oir**, suiv**re** |
| **Infinitif passé** | auxiliaire à l'infinitif + participe passé | **avoir** pris, **être** resté |
| **Participe présent** | terminaison en -ant (invariable) | parl**ant**, all**ant** |
| **Participe passé** | terminaison en -é, i, -u, -s, -t | plac**é**, chois**i**, cr**u**, mi**s**, cui**t** |

**Vérifiez que vous avez bien compris la leçon : précisez l'infinitif passé puis les participes de ces verbes.**

**1.** arriver : ……………………………………

**2.** salir : ……………………………………

**3.** pouvoir : ……………………………………

**4.** promettre : ……………………………………

**1** **Soulignez les formes verbales non personnelles. À l'oral, analysez-les.**

Après être resté dix ans à Troie, Ulysse n'est toujours pas rentré chez lui et doit affronter une série d'épreuves envoyées par les dieux. Avoir offensé Poséidon lui coûte cher. Il va d'obstacles en obstacles, luttant et gardant constamment espoir de revoir un jour Ithaque, son île natale.

**2** **Choisissez entre infinitif en *-er* et participe passé en *-é*.**

**1.** N….. à Paris en 1622, Molière était le fils d'un tapissier.

**2.** Il est press….. de rentrer.

**3.** Elle va achet…… une voiture.

**4.** Nous avons enfin trouv….. la solution.

**5.** Je pense que march…… te ferait du bien.

**6.** Il est parti sans rechign…… .

Si vous pouvez remplacer la forme verbale par un infinitif d'un autre groupe, la terminaison est **-er**. Sinon, **-é**.

**3** **Participe passé ou verbe au passé simple ? Barrez la mauvaise réponse.**

**1.** Il a **mis/mit** ses chaussures.

**2.** **Pris/prit** par la peur, il se **mis/mit** à crier.

**3.** Comme elle **grandit/grandi** !

**4.** As-tu **réussi/réussis** ?

**5.** Il **put/pu** se reposer.

**6.** Elle **prit/pris** son temps.

**7.** Il **réussit/réussi** à me convaincre.

**8.** Il a **sali/salit** sa veste.

**4** J'APPLIQUE POUR ÉCRIRE **À l'aide des images, imaginez, à l'infinitif, une recette de sorcière. Employez quelques participes présents et passés.**

……………………………………………………………………………………

……………………………………………………………………………………

……………………………………………………………………………………

# 40 BILAN Conjugaison

Écoutez le texte
hatier-clic.fr/23c666

▶ Vérifiez que vous avez bien compris les Fiches 29 à 33, 36, 37 et 39 avant de traiter ce bilan.

Thésée souriait sans s'en apercevoir. Puis il dit en secouant la tête :

« Je ne mourrai pas. »

Un court instant, l'espoir emplit le cœur d'Ariane. Elle voulait tant y croire ! Un court instant seulement, parce que son bonheur s'effondra aussitôt : personne, jamais, n'avait échappé au Minotaure.

« Aie confiance, reprit Thésée. J'ai vécu beaucoup d'aventures, j'ai été confronté à des êtres très dangereux, parfois des demi-dieux. »

**E. Brisou-Pellen**, *Thésée, Ariane et le Minotaure* (2017) © Gallimard Jeunesse. www.gallimard-jeunesse.fr

**1** **Quelle épreuve Thésée va-t-il devoir affronter ?** 2 POINTS

..............................................................................................................................

**2** **Dans quel état d'esprit Thésée est-il ? Relevez et analysez deux verbes qui le montrent (donnez l'infinitif, le groupe, le temps, la personne).** 4 POINTS

..............................................................................................................................

..............................................................................................................................

..............................................................................................................................

**3** a. **Analysez les verbes conjugués de la première ligne.**
b. **Pourquoi change-t-on de temps ?** 3 POINTS

a. ..........................................................................................................................

..............................................................................................................................

b. ..........................................................................................................................

**4** **Encadrez au moins quatre verbes employés à un mode non personnel.** 2 POINTS

**5** **Après avoir précisé le temps du verbe souligné, justifiez son emploi.** 4 POINTS

..............................................................................................................................

**6** a. **Relevez une proposition expliquant l'inquiétude d'Ariane.** 2 POINTS
b. **Précisez le temps du verbe de cette proposition et son infinitif.** 2 POINTS

a. ..........................................................................................................................

b. ..........................................................................................................................

**7** **Recopiez les trois premières phrases en remplaçant « Thésée » par « les héros ».** 5 POINTS

..............................................................................................................................

..............................................................................................................................

JE SAIS IDENTIFIER LES TEMPS ET LEURS EMPLOIS

**Ma note globale : .........../ 24**

- entre 0 et 8 points : à consolider
- entre 9 et 16 points : maîtrisé
- entre 17 et 24 points : dépassé

# 41 Dictée préparée Conjugaison

▶ Le texte que va vous dicter votre professeur s'appuie sur les notions travaillées dans les Fiches 29 à 39. Vérifiez que vous les avez bien comprises avant de commencer la dictée.

## JE RÉVISE ET JE PRÉPARE LA DICTÉE

**1 Conjuguez les verbes au passé simple.** ▶ Fiche 32

1. rencontrer → il ..........
2. marcher → il ..........
3. arriver → il ..........
4. tomber → ils ..........
5. descendre → il ..........

**2 Conjuguez les verbes au temps et au mode indiqués.** ▶ Fiches 29 à 31, 33, 38

1. perdre → (**futur simple de l'indicatif**) tu ..........
2. se retourner → (**présent de l'impératif**, *tu*) ..........
3. vouloir → (**présent de l'indicatif**) ils ..........
4. pouvoir → (**imparfait de l'indicatif**) il ..........

**3 Retrouvez les temps simples ou composés correspondants.** ▶ Fiches 35, 39

1. nous avons travaillé → ..........
2. nous avions quitté → ..........
3. tu auras chassé → ..........
4. avoir aimé → ..........
5. il offre → ..........
6. il offrait → ..........
7. charmer → ..........
8. il était resté → ..........

**4 Recopiez ces mots :** Eurydice, Orphée, Hadès, une lyre.

..........

## J'ÉCRIS LA DICTÉE

Écoutez la dictée
hatier-clic.fr/23c667

..........
..........
..........
..........
..........

## JE RELIS MA DICTÉE

- **Première relecture** Je cherche les verbes et je vérifie leur accord. Je vérifie leur conjugaison.
- **Deuxième relecture** Je cherche les noms et les adjectifs : je me demande s'ils doivent être au singulier ou au pluriel, s'ils sont féminins ou masculins.

## SE CORRIGER EN BINÔME

Je **souligne** mes erreurs dans la dictée et je les **corrige** dans le tableau. En binôme je réfléchis à ce que je dois **vérifier** pour ne plus les refaire.

| LES MOTS CORRIGÉS | COMMENT NE PLUS REFAIRE CES ERREURS |
| --- | --- |
| | |

# 42 Le féminin des noms et des adjectifs

Une **jeune** actrice. Une voisine **bavarde**.

Exercices en +
hatier-clic.fr/23c668

- En général : **féminin = masculin + e**
- On forme en général le **féminin** d'un nom ou d'un adjectif en ajoutant un **-e** muet, qui permet souvent d'entendre la consonne finale du mot au masculin.
  un marchand → une marchande
- Pour les **autres noms** et **adjectifs**, voici quelques exemples.

| Au masculin | | Au féminin | |
|---|---|---|---|
| > un chien/gros | → | une chie**nne**/gro**sse** | On double la consonne finale. |
| > un boulang**er**/blan**c** | → | une boulang**ère**/blan**che** | On ajoute un accent grave ou un suffixe. |
| > vi**f**/un direc**teur** | → | vi**ve**/une direc**trice** | On change la consonne finale ou la terminaison. |
| > rapide | → | rapide | Le mot ne change pas. |
| > un frère | → | une sœur | Le mot change complètement. |

**Vérifiez que vous avez bien compris la leçon :**
**reliez chaque mot à la bonne réponse à propos de la formation de son féminin.**

| | |
|---|---|
| instituteur • | • on ajoute un accent grave : -ère |
| enfant • | • on double la consonne finale : -nne |
| léger • | • le mot ne change pas |
| bon • | • on change la terminaison : -trice |

**1** **Cochez la bonne réponse.**

| | Masculin | Féminin | | Masculin | Féminin |
|---|---|---|---|---|---|
| 1. romancier | .... | .... | 4. travailleur | .... | .... |
| 2. étrangère | .... | .... | 5. amie | .... | .... |
| 3. collégienne | .... | .... | 6. employé | .... | .... |

**2** **Classez ces noms dans le tableau qui précise comment passer du masculin au féminin.**

un boucher • un élève • un Français • un acteur • un ennemi • un touriste • un vendeur • un fermier • un cuisinier • un directeur • un gamin • un menteur • un électeur • un coiffeur

| masculin = féminin | masculin + e = féminin | *-er → -ère* | *-eur → -euse* | *-teur → -trice* |
|---|---|---|---|---|
| ................ | ................ | ................ | ................ | ................ |
| ................ | ................ | ................ | ................ | ................ |
| ................ | ................ | ................ | ................ | ................ |

**3** **Donnez le féminin de ces adjectifs.**

1. charmant : ........................
2. facile : ........................
3. curieux : ........................
4. banal : ........................
5. réel : ........................
6. dernier : ........................
7. gentil : ........................
8. bleu : ........................
9. laid : ........................

**4** **Écrivez ces adjectifs au masculin en vous aidant des remarques.**

1. Le féminin vous aide à trouver la consonne finale muette (**Ex :** violette → violet).

sotte : .......... complète : .......... longue : .......... épaisse : ..........

2. Attention, la consonne finale change.

douce : .......... moqueuse : .......... fausse : .......... brève : ..........

3. Attention, la terminaison change.

folle : .......... fraîche : .......... nouvelle : .......... vengeresse : ..........

**5** **Écoutez puis écrivez les noms et adjectifs au masculin.** Écoutez les phrases hatier-clic.fr/23c669

1. Mon .......... est ..........
2. Mon .......... est ..........
3. Mon .......... est ..........

**6** **Accordez au féminin les adjectifs et groupes nominaux entre parenthèses.**

1. Julie, tu peux être (*fier*) .......... de toi.
2. Où est ta trousse (*neuf*) .......... ?
3. L'apparition (*public*) .......... de la championne a été très applaudie.
4. Au zoo, nous avons vu (*un tigre tacheté*) .......... .
5. Agathe est (*un infirmier courageux*) .......... .

**7** J'APPLIQUE POUR ÉCRIRE **Choisissez un adjectif de la liste et inventez une expression avec un animal. Inventez ensuite une histoire courte pour l'expliquer.**

sage • étourdi • paresseux • peureux • malicieux • maladroit • effrayant • lunatique

**Ex :** Maladroit comme un hippopotame → Un jour, un hippopotame voulut quitter son étang…

..........

..........

..........

..........

## DÉJÀ FINI ?

JEU **8** **a. Retrouvez quatre noms et quatre adjectifs féminins dans la grille.**

**b. Puis associez-les pour former quatre groupes nominaux.**

.......... lune, ..........

..........

..........

| | | | | | |
|---|---|---|---|---|---|
| O | E | T | R | E | V |
| L | B | A | L | L | E |
| I | F | I | L | L | E |
| V | E | U | E | L | B |
| E | N | U | E | J | G |
| E | N | I | E | L | P |

DÉFI ! **9** **Décrivez (à l'écrit ou à l'oral) votre quartier à votre voisin en trois ou quatre phrases sans utiliser un seul mot masculin ou féminin. Si vous perdez, c'est à lui d'essayer.**

..........

..........

..........

..........

# 43 Le pluriel des noms et des adjectifs

Des châteaux **magnifiques**. Des desserts **délicieux**.

Exercices en +
hatier-clic.fr/23c670

| Cas | Règle | Exemples |
|---|---|---|
| En général | Pluriel = singulier + **s** | une fleur multicolore → des fleur**s** multicolore**s** |
| Quelques exceptions de noms en -ou et -ail | Pluriel en **-oux** et **-aux** | hib**oux**, ch**oux**, gen**oux**, caill**oux**, bij**oux**, p**oux**, jouj**oux**<br>trav**aux**, cor**aux**, vitr**aux**, soupir**aux**, ém**aux** |
| Nom ou adjectif en -au, -eau, -eu | Pluriel = singulier + **x**<br>Sauf : *pneus, bleus, landaus* | un beau cadeau → de beau**x** cadeau**x**<br>un cheveu → des cheveu**x** |
| Nom ou adjectif en -al | Pluriel en **-aux**<br>Sauf : *bals, carnavals, festivals, chacals, récitals, régals, banals, bancals, fatals, natals, finals, navals* | un hôpital royal → des hôpit**aux** roy**aux** |
| Nom ou adjectif en -x, -z, -s | Pas de changement au pluriel | une souri**s** → des souri**s**<br>le pri**x** → les pri**x** |
| Cas particuliers | | un œil → des yeux<br>un ciel → des cieux |

**Vérifiez que vous avez bien compris la leçon : accordez et complétez.**

Il trouve les adieu.... difficile.... → J'ai mis un ..... à l'adjectif *difficile* car il est au...............
→ J'ai mis un ..... à *adieu* car le nom se termine par .......

**1** **Mettez ces noms au pluriel.**

1. un chemin : ..........
2. un chou : ..........
3. une aventure : ..........
4. une île : ..........
5. un bras : ..........
6. un choix : ..........
7. un film : ..........
8. un général : ..........
9. un manteau : ..........
10. un bal : ..........

**2** **Classez les noms et adjectifs selon leur pluriel.**

**Noms :** enfant, noyau, trou, hibou, merguez, pneu, cheval, voix, cheveu
**Adjectifs :** dangereux, grand, végétal, flou, frais, amusant, oriental

| Pluriel en -*s* | Pluriel en -*x* | Ne change pas au pluriel |
|---|---|---|
| .......... | .......... | .......... |
| .......... | .......... | .......... |

**3** **Barrez l'intrus de chaque liste.**

1. hôpital • animal • carnaval • tribunal
2. caillou • genou • coucou • pou
3. temps • tissu • repas • fils
4. détail • vitrail • épouvantail • portail
5. vilain • bleu • quotidien • roux
6. landau • aveu • anneau • vœu

**4** **Transformez ces groupes nominaux au pluriel.**

1. une route rapide : ..............................
2. une histoire incroyable : ..............................
3. ce long travail : ..............................
4. un gros bocal : ..............................
5. un vaisseau spatial : ..............................
6. un héros courageux : ..............................

**5** **Retrouvez le singulier de ces noms ou adjectifs.**

1. champs : ..............
2. yeux : ..............
3. oiseaux : ..............
4. œufs : ..............
5. croquis : ..............
6. croix : ..............
7. cieux : ..............
8. hiboux : ..............
9. totaux : ..............
10. délicieux : ..............
11. faux : ..............
12. rivaux : ..............

**6** J'APPLIQUE POUR ÉCRIRE **Écoutez et complétez.** Écoutez le texte hatier-clic.fr/23c671

J'aime l'âne si ..............................
marchant ..............................
et il porte ..............................
et ...............................

Il prend garde ..............................
et bouge .............................. ;
Il va, près .............................. ,
d' ...............................

**Francis Jammes**, extrait de « J'aime l'âne », *De l'Angélus de l'aube à l'Angélus du soir* (1921)

**7** J'APPLIQUE POUR DIRE **Voici un virelangue qui sert à bien articuler, il faut le dire très vite : « Un chasseur sachant chasser sans son chien. »**
**Créez un virelangue avec les sons *-au, -eau* ou bien *-ou* et *-eu*. Aidez-vous des mots de la leçon.** **Ex :** Douze douches douces.

..............................

..............................

## DÉJÀ FINI ?

JEU **8** **Soulignez : – en bleu les mots qui ont un *-s* au pluriel ;**
**– en vert les mots qui ont un *-x* au pluriel ;**
**– en rouge les mots qui ne changent pas au pluriel.**

| | | | | | | |
|---|---|---|---|---|---|---|
| nouveau | tableau | ciel | joli | voix | avis | affreux |
| animal | table | mignon | pot | nez | bleu | tapis |
| travail | bureau | pâte | citron | radis | pois | puits |
| poireau | stylo | détail | bal | doux | jardin | heureux |
| chou | clou | pneu | chaud | prix | vert | couscous |

DÉFI ! **9** **Tracez sur une feuille trois colonnes. Dans les colonnes, écrivez :** 5 minutes

| Pluriel en *-s* | Pluriel en *-eux* | Pluriel en *-aux* |
|---|---|---|

**Trouvez le plus de mots possible puis comparez avec votre voisin.**

# 44 Les accords dans le groupe nominal

Un château **de cartes**. Une **petite** maison **de ville**.

Exercices en + hatier-clic.fr/23c672

- En général : **GN** (groupe nominal) = déterminant + nom — une voiture, ces cartons
- Souvent : **GN** = déterminant + nom + **adjectif** — une voiture **grise**
  **GN** = déterminant + nom + **complément du nom** — ces cartons **de livres**

| | |
|---|---|
| Le **déterminant** s'accorde en **genre** et en **nombre** avec le nom qu'il détermine. | **un**, **le**, **ce**, **mon** chien/**l'**, **cet** arbre<br>**une**, **la**, **cette**, **ma** chienne/**l'**, **mon** amie<br>**des**, **les**, **ces**, **mes** chiens |
| • L'**adjectif** s'accorde en **genre** et en **nombre** avec le nom auquel il se rapporte.<br>• Quand un **adjectif** se rapporte à **plusieurs noms**, il s'accorde au pluriel avec l'ensemble des noms.<br>• Si les deux noms sont de **genres différents**, l'**adjectif** se met au **masculin pluriel**. | une robe **verte**<br>un cartable et un manteau **neufs**<br>une trousse et un cartable **neufs** |
| Avec un **complément du nom**, on accorde selon le sens. | une boîte **d'allumettes** → pluriel car il y a plusieurs allumettes dans la boîte<br>un pot **de peinture** → singulier car on ne connaît pas la quantité de peinture |

**Vérifiez que vous avez bien compris la leçon : associez.**

| | | |
|---|---|---|
| des • | • hiver • | • précieuse |
| cet • | • aide • | • fastidieux |
| mon • | • exercices • | • glacial |

**1** **Complétez avec le bon déterminant parmi ceux proposés.**

1. **mon, ma, mes :** ............ équerre, ............ trousse, ............ feutres, ............ colle, ............ cahier
2. **ce, cet, cette, ces :** ............ haricots, ............ âne, ............ garçon, ............ vache, ............ harpe
3. **le, la, l', les :** ............ marchand, ............ ogre, ............ œufs, ............ femme, ............ poule, ............ aventure

**2** **Composez tous les groupes nominaux possibles avec ces mots.**

mon • ma • cet • l' • des — endroit • histoire • ville • souvenirs
étonnant • mémorables • magique • heureux • préférée

**Ex :** L'endroit magique

..............................................................................................................

..............................................................................................................

..............................................................................................................

..............................................................................................................

**3** **Mettez les compléments du nom au singulier ou au pluriel selon le sens.**

1. une botte de (*paille*) ........................................
2. un jeu de (*carte*) ........................................
3. un paquet de (*bonbon*) ........................................
4. une cuillère à (*café*) ........................................
5. des larmes de (*joie*) ........................................
6. un groupe de (*touriste*) ........................................

**4** **Accordez les adjectifs qualificatifs.**

1. une malle (*violet*) ........................................
2. un chapeau et des chaussettes (*troué*) ........................................
3. un panier de pêches (*avarié*) ........................................
4. une pomme et un citron (*mûr*) ........................................
5. un pull et un pantalon (*neuf*) ........................................
6. une chemise et une cravate (*assorti*) ........................................
7. une paire de gants (*noir*) ........................................

**5** **Accordez les noms et adjectifs dans ces phrases.**

Polyphème s'écrie : « Écoute-moi Poséïdon à la chevelure bleu...., dieu de la mer et des océan...., accorde-moi qu'Ulysse aux mille ruse..., fils de Laërte, le pilleur de ville...., soit accablé des pire..... malheur.... . »

D'après **Homère**, *L'Odyssée* (VIIIe s. av. J.-C.)

**6** J'APPLIQUE POUR LIRE **Entourez les adjectifs. Soulignez les noms avec lesquels ils s'accordent.**

**Ex :** Des éléphants roses

Certain Renard gascon, d'autres disent normand,
Mourant presque de faim, vit en haut d'une treille
Des raisins mûrs apparemment
Et couverts d'une peau vermeille.

**Jean de La Fontaine**, *Fables*, « Le Renard et les raisins », livre III, 11 (1668)

**7** J'APPLIQUE POUR ÉCRIRE **Réécrivez ces phrases en remplaçant les mots en gras par les mots entre parenthèses.**

1. J'aperçus le **soleil** (*lune*) bleu et rond qui perçait derrière **le** (*les*) gros nuage opaque.

........................................

2. **La** (*Les*) perdrix rouge a un **corps** (*silhouette*) trapu et rondelet.

........................................

3. Il porte un tas de **bois** (*branches*) mort pour chauffer ce délicieux **repas** (*soupe*).

........................................

## DÉJÀ FINI ?

JEU **8** **Écrivez un déterminant en haut d'une feuille et cachez le mot en repliant cette partie. Votre voisin écrit un nom et le cache à son tour. Son voisin écrit un adjectif. Le suivant écrit un complément du nom. Dépliez le papier et entendez-vous pour accorder correctement ce drôle de groupe nominal.**

DÉFI ! **9** **Avec un dessin, faites deviner à votre voisin le groupe nominal le plus long possible.** 10 minutes

**Ex :** le gros bouquet de fleurs rouges et vertes

# 45 L'accord sujet-verbe

Exercices en + hatier-clic.fr/23c674

Ma sœur et moi **jouons** au foot. Que **dis**-tu ?

- Le verbe change de terminaison en fonction du mode, du temps et du sujet. On dit qu'il **s'accorde** avec le sujet.

  Il travaille. Ils travaillent. Il marchera. Ils marcheront.

| Cas particuliers | Exemples |
|---|---|
| Quand le sujet est **après le verbe**, il est **inversé**. | Devant la caisse **attendent** de nombreux clients. |
| Le **sujet** peut être **éloigné du verbe**. | Je te les **envoie** bientôt.<br>Le serpent face à moi **avançait** rapidement. |
| Quand un verbe a **plusieurs sujets**, il se met au **pluriel**. | Mon ami et son cousin **partent** au cinéma. |

**Vérifiez que vous avez bien compris la leçon : retrouvez le bon sujet.**

tu • elle • ce diamant • cette bague et ce collier

.............................., sous cette lumière, brille de mille feux.

........................................... sont faux, déclara-t-............. . ........... me les passes ?

## 1 Reliez les groupes nominaux avec le pronom correspondant.

| | |
|---|---|
| 1. Adama et son frère • | • il |
| 2. Maman • | • ils |
| 3. Enzo • | • elle |
| 4. Romane et Jade • | • elles |

## 2 Conjuguez les verbes entre parenthèses au présent.

1. Les élèves (*étudier*) ...................................... une nouvelle leçon.
2. Nous (*écouter*) ...................................... la radio en silence.
3. On (*marcher*) ...................................... sur la grande route.
4. Gladys (*sembler*) ...................................... soucieuse.
5. « Dépêche-toi ! » (*crier*) ...............................-t-elle à pleins poumons.
6. Les maîtres nageurs (*sauver*) ...................................... le petit chien.
7. Le bleu et le vert (*être*) ................................ mes couleurs préférées.

## 3 Barrez le ou les sujets en gras qui ne conviennent pas.

1. **Je/tu/elle** connais le chemin.
2. **Elle/Julie et Léa/Ils** sont là.
3. Que prends-**tu/il/on** ?
4. Où vont **ces bateaux/-ils** ?
5. **Ils/Mes sœurs/Nous** sommes les premiers.
6. **Mes amis/Il** arrivent.
7. **Lire/Les dessins/Nager** est mon passe-temps favori.
8. Où se rangent **ce plat/ces couverts/-elles** ?

**4** Réécrivez les phrases en remplaçant les mots en gras par ceux entre parenthèses.

1. **Pâris** (*Les Troyens*) a enlevé Hélène, la plus belle femme du monde.
   → **Les Troyens** ........................................
2. **Certains** (*On*) racontent aussi qu'Hélène a suivi Pâris. → **On** ........................................
3. **Ménélas** (*Ménélas et Agamemnon*) lève une expédition et assiège Troie.
   → **Ménélas et Agamemnon** ........................................
4. **La guerre de Troie** (*Les affrontements*) aura duré dix ans.
   → **Les affrontements** ........................................

**5** Écoutez puis écrivez le verbe que vous entendez, en remplaçant le sujet par un pronom.

Écoutez les phrases
hatier-clic.fr/23c675

Ex : Les passagers débarquent du ferry. → Ils débarquent.

1. ............ 4. ............ 7. ............
2. ............ 5. ............ 8. ............
3. ............ 6. ............ 9. ............

**6** J'APPLIQUE POUR LIRE **Encadrez les sujets et soulignez les verbes.**

Achille brandit et jette sa longue lance mais Hector l'évite en se baissant ; elle vole au-dessus de sa tête et s'enfonce dans la terre. Athéna aussitôt prend cette arme et la rapporte à Achille : Hector balance et jette à son tour un long javelot. Elle vole et frappe le milieu du bouclier d'Achille ; mais le dard est repoussé au loin par cette armure. Hector s'arrête, le front abattu, car il n'a plus de javelot.

D'après **Homère**, *L'Iliade* (VIIIe s. av. J.-C.)

**7** J'APPLIQUE POUR ÉCRIRE **Complétez les phrases avec un ou plusieurs verbes correctement accordés.**

1. La neige et le vent ........................................
2. Le cambrioleur ........................................
3. Un des gâteaux ........................................
4. La mâchoire du requin ........................................

## DÉJÀ FINI ?

JEU **8** Remettez les mots dans l'ordre pour retrouver la phrase. Puis proposez à votre tour à votre voisin(e) des mots à remettre dans l'ordre pour retrouver une phrase.

entre | est | les | le | engagé | combat | héros

........................................

DÉFI ! **9** Écrivez un verbe conjugué, et votre voisin(e) doit trouver un sujet. Vous alternez en créant à deux une histoire.

........................................

........................................

........................................

# 46 L'accord sujet-attribut du sujet

Exercices en + hatier-clic.fr/23c676

Elle est **heureuse**. Ils semblent **fatigués**.

- **Rappel** L'attribut du sujet est introduit par un **verbe attributif** : *être, paraître, sembler, demeurer, rester, s'appeler, devenir, avoir l'air, naître, mourir…*
- L'attribut du sujet s'accorde **en genre** et **en nombre** avec le sujet. Il ne peut pas être supprimé.

  Il est **grand**. Elle est **grande**. Ils sont **grands**. Elles sont **grandes**.

**Vérifiez que vous avez bien compris la leçon : associez.**

| | |
|---|---|
| Il passe pour • | • agiles |
| Ses mains étaient • | • un menteur |
| Sandrine est • | • infirmière |

**1** **Réécrivez les phrases avec le nouveau sujet.**

1. Le monstre devint **furieux, enragé, incontrôlable.**
   → Les bêtes devinrent ..................
2. Les villageois sont **bouleversés et effrayés.**
   → Les villageoises sont ..................
3. La sorcière semblait **cruelle et rusée.**
   → Le sorcier semblait ..................
4. La mère restait **pâle et silencieuse.** → Les enfants restaient ..................

**2** **Complétez ces phrases par un des attributs du sujet proposés.**

âgé • étonnante • un grand acteur • Jules • de dormir • lui

1. Ton histoire semble ..................
2. Il paraît ..................
3. Son père passait pour ..................
4. Mon petit frère s'appelle ..................
5. Le vainqueur, c'est ..................
6. Mon plus grand désir est ..................

**3** **Conjuguez les verbes au présent en accordant les attributs du sujet.**

1. Tes cousins (*être jaloux*) ..................
2. La voisine (*paraître gentil*) ..................
3. Ces oies (*sembler craintif*) ..................
4. Ces sauces (*rester liquide*) ..................

**4** **Soulignez les attributs du sujet. Il y a un intrus dans chaque série de phrases.**

1. Ils furent des gens heureux. /Ils firent une halte. /Ils étaient un vieux couple.
2. Il est tombé amoureux. /Il est resté sage. /Il est là.
3. Tu demandes à ta mère. /Tu deviens une jeune adulte. /Tu demeures mon âme sœur.
4. Naëlle était ma meilleure amie. /Elle avait l'air sincère. /Elle avait de beaux yeux.

**5** **Remettez les mots dans l'ordre.**

1. héros / Achille / Hector /l' / et / de / Iliade / des / sont

...

2. mal / aînée / était / l' / filles / élevée / des

...

3. l' / d' / usé / animal / parapluie / air / l' / un / avait

...

**6** J'APPLIQUE POUR LIRE **Soulignez les attributs du sujet et entourez les sujets correspondants.**

Un homme avait sept fils. Il fut comblé d'avoir enfin une fille même si elle était petite et fragile. Les sept frères partirent chercher de l'eau pour la faire baptiser mais ils firent tomber la cruche. Ils étaient bien embarrassés et n'osèrent plus rentrer chez eux. Leur père s'écria dans sa colère : « Qu'ils deviennent des corbeaux ! » Et sept corbeaux s'envolèrent dans le ciel. La douleur des parents fut grande. Ils se consolèrent avec leur fille chérie.

D'après **Jacob et Wilhelm Grimm**, « Les Sept corbeaux » (1812)

**7** J'APPLIQUE POUR ÉCRIRE **Choisissez ou inventez un personnage de conte avec un nom qui lui correspond physiquement ou moralement, comme Blanche-Neige, le Chat botté, Peau d'Âne... et décrivez-le. Vous pouvez utiliser les verbes *avoir l'air*, *paraître*...**

**Ex :** Elle était blanche comme la neige, ses lèvres étaient roses comme le sang et ses cheveux étaient noirs comme de l'ébène. On l'appela Blanche-Neige.

...

...

...

...

## DÉJÀ FINI ?

JEU **8** **Pensez à un héros de livre ou de film et imaginez sa transformation en un animal, une plante, un légume ou un fruit. Racontez en utilisant des attributs du sujet.**

**Ex :** (Harry Potter se transforme en courgette) Un jour, Harry se promenait dans son jardin...

...

...

...

DÉFI ! **9** **Inventez les caractéristiques d'un de ces animaux imaginaires. Trouvez une définition en utilisant des attributs du sujet.**

le renard-chouette • la tortue-lune • le chat-miroir • le serpent coudé

...

...

...

# 47 L'accord du participe passé

Exercices en + hatier-clic.fr/23c678a

Ces paris **risqués** sont **interdits**.

- Le **participe passé** employé avec l'auxiliaire ***être*** s'accorde en genre et en nombre avec le sujet du verbe.
  Il est **venu**. Elle est **venue**. Ils sont **venus**.
- Le **participe passé utilisé seul** s'accorde comme un **adjectif**, en genre et en nombre avec le nom auquel il se rapporte.
  un marché **couvert** des élèves **fatigués**
- Le **participe passé** employé avec l'auxiliaire ***avoir*** ne s'accorde pas avec le sujet du verbe.
  Mes amis ont **nagé** longtemps.
- Les terminaisons du **participe passé** ▸ Fiche 35.

**Vérifiez que vous avez bien compris la leçon : cochez la bonne réponse.**

| | | | |
|---|---|---|---|
| 1. des saucisses | ☐ grillées | ☐ grillé | ☐ grillés |
| 2. des chiens | ☐ enragé | ☐ enragés | ☐ enragées |
| 3. des pierres | ☐ poli | ☐ polie | ☐ polies |

## 1 Conjuguez le verbe.

1. **sortir →** Il est .......... . Elle est .......... . Elles sont .......... . Ils sont .......... .
2. **tomber →** Il est .......... . Elle est .......... . Ils sont .......... . Elles sont .......... .
3. **partir →** Il est .......... . Elle est .......... . Ils sont .......... . Elles sont .......... .

## 2 Complétez ces participes passés employés seuls.

1. des livres publié...... au XIXe siècle
2. des vêtements déjà porté......
3. une jupe et une chemise usé......
4. une maison bien éclairé......
5. un merle et un pigeon perché...... sur un arbre
6. une maison vite construit......
7. des garçons dégourdi......

## 3 Accordez les participes passés employés avec *être*.

1. Ils sont (*revenir*) .......... .
2. Les places près de la scène sont (*prendre*) .......... .
3. Les invités sont (*partir*) .......... .
4. Cet appartement est (*meubler*) .......... .
5. Elle est (*naître*) .......... en janvier.
6. Cette poésie est (*traduire*) .......... en russe.
7. Elles sont (*enchanter*) .......... .

## 4 Écoutez et écrivez les participes passés au masculin.

Écoutez les phrases hatier-clic.fr/23c678b

1. Une fois son mot .........., il est parti.
2. Le cours est-il bien ..........?
3. Il regardait le mur .......... en vert.
4. Laissez le placard .........., s'il vous plaît.
5. Il resta .......... devant un tel spectacle.
6. Il a .......... la table pour les invités.

**5** ■ **Imaginez les noms qui vont avec ces participes passés. Attention aux accords.**

1. ........................ enfermé dans une armoire
2. ........................ satisfaite
3. ........................ tondus
4. ........................ vérifiées
5. ........................ assortis
6. ........................ cassés
7. ........................ sucrées
8. ........................ fanée

**6** ■ **Réécrivez ces phrases en remplaçant les mots en gras par ceux entre parenthèses.**

1. Il a **le pied** (*la main*) cassé. ........................
2. Les **terrains** (*usines*) abandonnés sont rachetés. ........................
3. **Un monument** (*une statue*) est élevé pour l'occasion. ........................
4. **Ces pantalons** (*cet article*) soldés n'ont pas été vendus. ........................

**7** ■ **Accordez les participes passés et soulignez les mots auxquels ils se rapportent.**

Ulysse est reven.... à Ithaque, déguis.... en mendiant. Il voit un vieux chien étend.... sur le sol qui dresse les oreilles. Couch..... sur le fumier, celui-ci remue la queue et reconnaît son maître si longtemps part.... Ulysse essuie la larme coul...... sur sa joue. Malgré toutes les aventures véc......., il n'a pas non plus oubli.... son fidèle ami.

**8** ■ J'APPLIQUE POUR ÉCRIRE **Décrivez un repas en utilisant les participes passés suivants.**

surgelé • frit • grillé • sauté • cuit • mijoté • rôti • doré • râpé • fumé • garni

Ex : Au menu, il y a des pommes de terre sautées...

........................................................................

........................................................................

........................................................................

## DÉJÀ FINI ?

JEU **9** **Retrouvez les participes passés pour compléter la grille.**

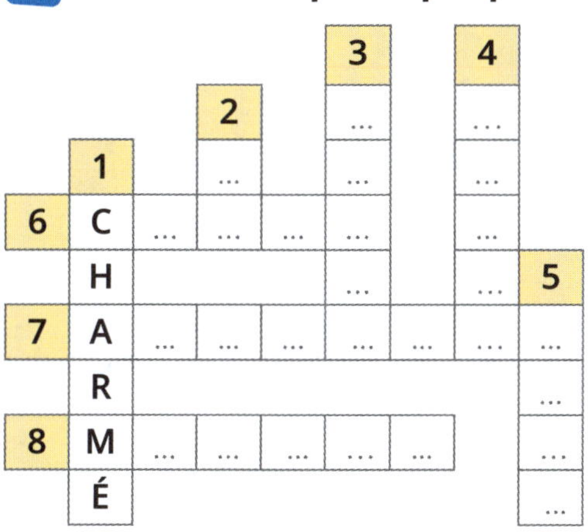

1. Il est (*charmer*) : charmé.
2. J'ai (*voir*) : ............
3. Un rideau (*jaunir*) : ................
4. La saison (*mourir*) : ..................
5. Un vêtement (*salir*) : ..............
6. Elle a (*courir*) : .................
7. Les récitations (*apprendre*) : .....................
8. Ils sont (*marier*) : ...................

DÉFI ! **10** **Mimez une de ces émotions en jouant un personnage de votre choix. Votre voisin doit deviner l'émotion et écrire correctement le participe passé pour gagner.**

ému • bouleversé • terrifié • surpris • apeuré • énervé • choqué • charmé • comblé • enjoué • peiné • chagriné • affligé • irrité • stressé • préoccupé • abattu • épris

Ex : une vieille femme stressée

# 48 Les homophones : *ont/on*

Exercice en + hatier-clic.fr/23c680a

Ils **ont** fini leurs devoirs. **On** part bientôt.

**Ont** = **verbe *avoir***
Je remplace par *avaient*.
Elles **ont** (= avaient) froid.

≠

**On** = **pronom personnel sujet**
Je remplace par *il* ou *elle*.
**On** (= Il) va courir.

**Vérifiez que vous avez bien compris la leçon : par quel mot peut-on remplacer le mot en gras ?**

| | | | |
|---|---|---|---|
| Les enfants **ont** peur du noir. | ☐ sont | ☐ avaient | ☐ il |
| **On** doit éteindre son téléphone. | ☐ elle | ☐ a | ☐ avaient |

**1** **Soulignez la bonne réponse dans chaque couple de mots en gras.**

1. Ces élèves **on/ont**-ils de bonnes notes ? → Vous pouvez remplacer par **il/avaient**.
2. Ils **ont/on** travaillé dur. → Vous pouvez remplacer par **avaient/il**.
3. **On/Ont** est fier de leurs efforts. → Vous pouvez remplacer par **il/avaient**.
4. Est-ce qu'ils **ont/on** découvert de nouvelles notions ? → Vous pouvez remplacer par **il/avaient**.
5. À dix-huit ans, **on/ont** a le droit de voter. → Vous pouvez remplacer par **il/avaient**.
6. Les déménageurs n'**on/ont** pas tout emporté. → Vous pouvez remplacer par **il/avaient**.

**2** **Complétez par *on* ou *ont*.**

1. ...... a entendu des bruits étranges.
2. ...... a appelé la police.
3. ...... a parlé fort et ...... a allumé les lumières.
4. Les voleurs ....... sauté par la fenêtre.
5. Les policiers ....... pu les attraper.
6. Ils ....... dit qu'....... avait bien réagi.

**3** **Écoutez, puis cochez la bonne case.** Écoutez les phrases hatier-clic.fr/23c680b

| | 1 | 2 | 3 | 4 | 5 | 6 | 7 | 8 |
|---|---|---|---|---|---|---|---|---|
| on | ......... | ......... | ......... | ......... | ......... | ......... | ......... | ......... |
| ont | ......... | ......... | ......... | ......... | ......... | ......... | ......... | ......... |

**4** J'APPLIQUE POUR LIRE **Surlignez les pronoms personnels sujets. Soulignez les verbes conjugués. Aidez-vous de l'exemple en bleu.**

Mes deux frères et moi, nous étions tout enfants.
Notre mère disait : « Jouez, mais je défends
Qu'on marche dans les fleurs et qu'on monte aux échelles. » [...]

Tels des enfants, s'ils ont pris un oiseau des cieux,
S'appellent en riant et s'étonnent, joyeux,
De sentir dans leur main la douceur de ses plumes.

**Victor Hugo**, *Les Contemplations* (1856), « Aux Feuillantines »

# 49 Les homophones : *a/as/à*

Exercices en + hatier-clic.fr/23c681a

Il **a** couru jusqu'**à** l'école.

**a**, **as** = **verbe *avoir***
Je remplace par *avait* ou *avais*.
Il **a** (= avait) mangé
Tu **as** (= avais) chaud.

≠

**à** = **préposition**
On ne peut pas mettre à l'imparfait.
Je pars **à** (~~avait~~) huit heures.

**Vérifiez que vous avez bien compris la leçon : mettez la phrase à l'imparfait. Quel mot en gras reste inchangé et pourquoi ?**

Il **a** envie d'aller **à** New York.

.....................................................................................................................

**1** **Complétez par *a* ou *à*.**

1. Il ..... téléphoné ..... ses parents.
2. Tim ..... les moyens d'aller ..... la fac.
3. On ..... tous compris la leçon grâce ..... elle.
4. Suite ..... l'accident, Adèle ..... dû réapprendre ..... marcher.
5. Toute sa vie, Sofian ... travaillé ..... l'hôpital.

**2** **Copiez ces phrases en écrivant les verbes en gras au présent de l'indicatif.**

1. La princesse **avait** dix personnes à son service. ..............................................
2. Il y **avait** un excellent pâtissier à côté de mon travail, qui **avait** des éclairs incroyables. ............
.....................................................................................................................

**3** **Complétez par *a*, *as* ou *à*.**

1. Tu n'...... qu'...... t'entraîner un peu.
2. Céline ...... raison, tu ...... encore ...... apprendre.
3. L'hiver tire ...... sa fin, la neige ...... fondu.
4. Pourquoi n'......-tu rien ...... faire ?

**4** **Écoutez le texte et écrivez-le.** Écoutez le texte hatier-clic.fr/23c681b

.....................................................................................................................
.....................................................................................................................
.....................................................................................................................

**5** J'APPLIQUE POUR ÉCRIRE **Inventez des outils originaux en associant un nom avec un verbe. Décrivez leur fonctionnement.**

**Noms** : voiture • stylo • lit • tasse • cuillère • ordinateur • table • brosse
**Verbes** : dessiner • coudre • recycler • mélanger • cuire • tricoter • filtrer • laver • rêver

**Ex :** une brosse à laver : on a les cheveux peignés et propres en même temps grâce à...

.....................................................................................................................
.....................................................................................................................

# 50 Les homophones : *sont*/*son*

Exercices en +
hatier-clic.fr/23c682

**Son** frère et ma sœur **sont** amis.

**sont** = **verbe *être***
Je remplace par *étaient*.
Ils **sont** (= étaient) surpris.

≠

**son** = **déterminant possessif**
Je remplace par *ton* ou *mon*.
C'est **son** (= ton) manteau.

**Vérifiez que vous avez bien compris la leçon : mettez la phrase à l'imparfait. Quel mot en gras reste inchangé et pourquoi ?**

**Son** cousin et ses copains **sont** en vacances.

.............................................................................................................................

**1** **Soulignez la bonne réponse dans chaque couple de mots en gras et justifiez votre choix.**

1. Donne-lui **son/sont** cadeau. → *On peut remplacer par* .................................................................
2. Ils **son/sont** mignons. → *On peut remplacer par* ........................................................................
3. Je préfère **son/sont** chat à **sont/son** chien. → *On peut remplacer par* ...................................
4. Les chevaliers **son/sont** revêtus d'une armure. → *On peut remplacer par* ....................................
5. Chacun écrit **son/sont** nom sur la copie. → *On peut remplacer par* ............................................

**2** **Complétez par *sont* ou *son*.**

1. Ses papiers ........... dans ........... cartable.
2. ........... bras est peut-être cassé, ils ........... inquiets.
3. Ces installations ........... en ruine, sans ........... aide, elles finiront par s'écrouler.
4. Les compagnons d'Ulysse ........... penchés sur leurs rames et ils ........... sourds au chant des Sirènes.
5. Ils ne ........... pas d'accord mais c'est ainsi, un élève trop bavard doit sortir ........... carnet.
6. Johanna vérifie ........... calcul avec sa voisine, ses résultats ........... peut-être faux.

**3** **Remettez les mots dans l'ordre pour construire des phrases.**

1. pantalon/troués/chemise/sont/son/et/sa.

.............................................................................

2. son/sont/et/marché/allés/père/Ève/au.

.............................................................................

3. jour/nés/Jules/voisin/même/son/sont/le/et.

.............................................................................

4. passées/où/Hélène/sont/amie/son/et ?

.............................................................................

**4** J'APPLIQUE POUR DIRE **Inventez des phrases ou reprenez celles des exercices pour les dire à vos camarades. Ils doivent lever la main gauche quand c'est *sont* et la main droite quand c'est *son*. Le plus rapide a gagné. Puis inversez les rôles.**

# 51 Les homophones : *est/es/ai/et*

Exercices en + hatier-clic.fr/23c683a

Il **est** parti. Tu **es** assis. J'**ai** un dessert **et** des boissons.

**est**, **es** = **verbe *être***
Je remplace par *était*, *étais*.
Il **est** (= était) content.
Tu **es** (= étais) là.

≠

**ai** = **verbe *avoir***
Je remplace par *avais*.
J'**ai** (= avais) mal à la dent.

≠

**et** = **conjonction de coordination**
Je remplace par *et puis*.
Toi **et** (= et puis) moi sommes amis.

**Vérifiez que vous avez bien compris la leçon : lesquels de ces mots en gras sont des formes du verbe *être* et du verbe *avoir* ?**

Tu **es** content s'il **est** aussi invité à la fête ? J'**ai** plusieurs invitations à distribuer.

..........................................................................................................

**1** **Complétez par *est* ou *et*.**

1. Sophie ........ heureuse de vivre à la campagne, elle ........ fatiguée du bruit constant de la ville.
2. Cette veste ........ trop grande ........ je dois l'échanger.
3. Quand on ........ en retard en classe, il faut frapper ........ s'excuser, c'........ essentiel.

**2** **Transformez les phrases selon le modèle, en passant au singulier.**

Ex : **Les poètes** sont souvent rêveurs et distraits. → **Un poète** est souvent rêveur et distrait.

1. Les grands mathématiciens sont des génies qui jonglent avec les chiffres et les nombres.
→ Un grand mathématicien ..........................................................................
2. Les bons pâtissiers sont souvent gourmands et gourmets.
→ Un bon pâtissier ..........................................................................

**3** **Complétez par *est*, *es*, *ai* ou *et*.**

1. Cette maison ........ belle ........ elle ........ à vendre. 2. J'........ l'impression que tu ........ moqueur.
3. Il ........ déçu par le film, moi je l'........ adoré. 4. Tu ........ en colère parce que j'........ pris tes affaires ?

**4** **Écoutez, puis cochez la bonne réponse.**

Écoutez les phrases hatier-clic.fr/23c683b

| | 1 | 2 | 3 | 4 | 5 | 6 | 7 |
|---|---|---|---|---|---|---|---|
| est | .......... | .......... | .......... | .......... | .......... | .......... | .......... |
| es | .......... | .......... | .......... | .......... | .......... | .......... | .......... |
| ai | .......... | .......... | .......... | .......... | .......... | .......... | .......... |
| et | .......... | .......... | .......... | .......... | .......... | .......... | .......... |

JEU **5** **Écrivez une phrase avec le plus d'homophones possible de la leçon.**

Ex : Il **est** certain que tu **es** un bon élève **et** j'**ai** raison de le croire parce que tu **es**...

..........................................................................................................

# 52 Les homophones : *ou/où*

Exercices en +
hatier-clic.fr/23c684a

**Où** sont les élèves ? À la cantine **ou** dans la cour ?

**ou** = **conjonction de coordination**
Je remplace par *ou bien*.
Tu veux du thé **ou** (= ou bien) du café ?

≠

**où** = **indique le lieu**
Je ne peux pas remplacer par *ou bien*.
Tu sais **où** (~~ou bien~~) tu vas ?

**Vérifiez que vous avez bien compris la leçon :**
**lequel des deux mots en gras peut être remplacé par *ou bien* ?**
**Où** vais-je passer mes vacances ? En France **ou** à l'étranger ? .......

**1** **Choisissez entre *ou* et *où*.**

1. S'il pleut ...... s'il vente fort, je resterai à la maison, près de la cheminée ...... je suis bien.
2. ....... se trouve ton rendez-vous ? C'est à 8 heures ...... à 9 heures ?
3. Tu vas dans ta famille ...... chez des amis ? ...... que tu ailles, tu seras bien accueilli.
4. Là-bas, c'est Bertrand ...... c'est son frère ? Je ne distingue rien dans cette région ...... le brouillard tombe si vite.
5. Tu sais ...... se trouve mon téléphone ? Je l'ai oublié au travail ...... chez le dentiste.
6. Chaque année, il part à Nice ...... à Marseille, là ...... la mer est chaude.

**2** **Écoutez, puis cochez la bonne réponse.**

Écoutez les phrases
hatier-clic.fr/23c684b

| | 1 | 2 | 3 | 4 | 5 | 6 | 7 | 8 |
|---|---|---|---|---|---|---|---|---|
| ou | ......... | ......... | ......... | ......... | ......... | ......... | ......... | ......... |
| où | ......... | ......... | ......... | ......... | ......... | ......... | ......... | ......... |

**3** **Pour chaque réponse proposée, imaginez une question en employant *ou/où*.**

1. ........................................................................ À la framboise.
2. ........................................................................ À New York.
3. ........................................................................ À droite.
4. ........................................................................ En train.
5. ........................................................................ À la piscine.
6. ........................................................................ Dans la chambre.

**4** J'APPLIQUE POUR ÉCRIRE **Écrivez un dialogue dans lequel vous demandez votre chemin à un inconnu. Utilisez *ou/où*.** ........................................................................

........................................................................

........................................................................

........................................................................

# 53 Les homophones : *mes/mais* et *leur/leurs*

Exercice en +
hatier-clic.fr/23c685



**Mais** où vas-tu ? Ce sont **mes** clés. Tu **leur** parles de **leurs** notes ?

**mais** = **conjonction de coordination**
Je remplace par *et*.
Tu es sérieux **mais** (= et) trop bavard.

≠

**mes** = **déterminant possessif**
Je remplace par *mon* ou *ma*.
Je cherche **mes** (= mon) feutres.

**leur** = **pronom personnel invariable**
Il est devant un verbe.
Je remplace par *lui*.
Il **leur** (= lui) raconte (verbe) une histoire.

≠

**leur, leurs** = **déterminants possessifs**
Ils sont devant un nom.
Je remplace par *son*, *sa* ou *ses*.
**Leurs** (= ses) vélos (nom) sont rangés.
**Leur** (= son) vélo est mal rangé.

**Vérifiez que vous avez compris la leçon : complétez avec *mais/mes/leur/leurs*.**
Ce sont m....... gants m........ je peux l........ rendre l.......... écharpes.

**1** **Complétez avec *mais* ou *mes*.**

1. Je te raconte .............. aventures ............. tu ne les répètes à personne !
2. .............. chaussures sont très belles ............. elles sont trop grandes.
3. J'adore .............. chiens ............. tous les autres m'effraient.

**2** **Soulignez la bonne réponse dans chaque couple de mots en gras.**

– Ne touchez pas à **mais/mes** livres ! hurla-t-elle soudainement.
Ses amis, surpris, reculèrent d'un bond, heurtant le tabouret qui **leur/leurs** tomba dessus. **Leur/Leurs** surprise laissa alors place à la colère. Comment osait-elle **leur/leurs** parler ainsi ?

**3** **Complétez avec *leur* ou *leurs*.**

1. Les deux aînés s'occupent de ........ petit frère et de son ami, ils ........ préparent à manger.
2. Il faut ........ dire la vérité : on a cassé ........ fenêtre et ......... volets.
3. Pendant ........ absence, je ........ ai proposé d'arroser ......... plantes.
4. ......... retard est un vrai problème, il les a appelés pour ........ demander de s'expliquer.

**4** **Donnez la classe grammaticale du mot souligné.**

1. Ils ne retrouvent pas leur chat. ..........................................
2. Où sont mes clefs ? ..........................................
3. Place-toi à côté de moi mais ne fais pas de bruit. ..........................................
4. Ils leur ont réservé un bon accueil. ..........................................

# 54 MÉTHODE Se relire pour corriger ses erreurs d'orthographe

## ✔ Je me donne envie de me relire

ÉTAPE 1

- J'écris avec **soin**, je m'applique.
- Je fais attention à la **ponctuation**.
- Je n'oublie pas les **majuscules**, les **accents**.

## ✔ J'identifie mes erreurs les plus fréquentes

ÉTAPE 2

- J'identifie les **types d'erreurs** que je fais le plus souvent :

☐ Je me trompe dans les **homophones** : *a/à, on/ont, et/est, son/sont, ou/où, leur/leurs, mais/mes*.

☐ J'oublie souvent d'**accorder** au **pluriel** ou au **féminin**.

☐ Je **n'accorde pas** correctement le **verbe** avec le **sujet**.

☐ Je ne sais pas écrire les **mots courants**.

☐ Je ne sais pas écrire les **mots rares** ou difficiles.

## ✔ J'utilise des astuces pour me corriger

ÉTAPE 3

| Types d'erreurs cochées à l'étape 2 | Astuces pour me corriger |
|---|---|
| **Les homophones**<br>**> Fiches 48 à 53** | • a/à, ont/on → Je remplace par avait, avaient.<br>Si cela convient, j'écris a, ont.<br>• et/est, son/sont → Je remplace par était, étaient.<br>Si cela convient, j'écris est, sont.<br>• ou/où → je remplace par ou bien. Si cela convient, j'écris ou.<br>• leur/leurs → je remplace par ses. Si cela convient, j'écris leurs.<br>• mais/mes → je remplace par et. Si cela convient, j'écris mais. |
| **Les accords au féminin ou au pluriel**<br>**> Fiches 42 à 44, 47** | • Je regarde si le mot doit être au singulier ou au pluriel, et s'il est masculin ou féminin. → J'accorde alors le **nom**, l'**adjectif** ou le **participe passé** : -e au féminin, -s au pluriel.<br>• Pour les exceptions, j'apprends les mots des leçons. |
| **Les accords du verbe avec le sujet**<br>**> Fiche 45** | • Je cherche le **sujet**. → Je pose la question *Qui est-ce qui ?* ou *Qu'est-ce qui ?* + verbe.<br>• Je regarde par quel **pronom** je peux remplacer le sujet : *tu, il, elle, on, nous, vous, ils, elles* et je conjugue.<br>Tes parents travaill..... tard. → Qui est-ce qui *travaill.....* ?<br>Tes parents = ils → Tes parents (ils) travaill**ent** tard. |
| **Les mots courants** | • Je m'entraîne à les **recopier plusieurs fois** pour les mémoriser. |
| **Les mots rares ou difficiles**<br>**> Fiches 57 à 59** | • Je regarde s'ils appartiennent à une **famille de mots** que je connais.<br>**Ex :** temps → Je reconnais le mot *temp-* comme dans *temporel*.<br>• Je prononce le mot dans ma tête et j'essaie de le décomposer.<br>**Ex :** bien-veill-ant |

## J'APPLIQUE LA MÉTHODE

**1** **Recopiez ce texte sans erreurs. Il doit être propre, lisible, avec les majuscules et les accents respectés, avec une ponctuation correcte.**

> Le roi Charmant subit la malédiction de la méchante fée.
> « Tu resteras un oiseau bleu pendant sept ans », lui dit-elle.
> Son nez devient alors crochu ; ses yeux s'arrondissent et rétrécissent. Ses bras se changent en ailes avec de magnifiques plumes, lisses et bleues.
>
> D'après **Mme d'Aulnoy**, *L'Oiseau bleu* (1697)

..........................................................................................

..........................................................................................

..........................................................................................

..........................................................................................

..........................................................................................

..........................................................................................

..........................................................................................

..........................................................................................

**2** **Écrivez les terminaisons des verbes conjugués et des noms, des adjectifs ou des participes passés.**

1. Les nouvelles réjouissant........ mett........ de bonne humeur.
2. La descente du sommet est dangereu........ : les randonneurs avanc........ avec une grand...... prudence.
3. Tu veux ces vieu...... journ........ ? Je te les donn...... volontiers.
4. Sa chambre est agréablement embaum........ par l'odeur de ces bougies parfum.........

**3** **Recopiez ces mots difficiles. Puis, quand c'est possible, décomposez-les et donnez un mot de la même famille.**

1. effrayant : ..........................................................................................
2. inhumain : ..........................................................................................
3. stupéfaction : ..........................................................................................
4. malhonnête : ..........................................................................................

**4** **Soulignez la forme correcte dans chaque couple de mots en gras.**

Cher grandpa,
Papa et maman disent que c'**est/et** important de t'écrire **mes/mais** Émile **est/et** moi, **on/ont** préfère venir te voir cette semaine **où/ou** la prochaine. Tu pourrais **leurs/leur** expliquer ? J'**et/est/ai** hâte de te montrer **mes/mais** cadeaux. Je t'embrasse.

**5** **Réécrivez ces phrases en remplaçant les mots en gras par ceux entre parenthèses.**

1. **La neige** est tombée avant l'hiver.
   → (Toutes les feuilles du hêtre) ..........................................................................................
2. **Cette route** étroite et sinueuse me donne la nausée.
   → (Ce chemin) ..........................................................................................

# 55 BILAN Orthographe

Écoutez le texte
hatier-clic.fr/23c688

▶ Vérifiez que vous avez bien compris les Fiches 42 à 50 avant de traiter ce bilan.

*Le chien Buck a un statut important dans la maison du juge.*

Majestueux et doux, il était le compagnon inséparable du juge, qu'il suivait dans toutes ses promenades, il s'allongeait d'habitude aux pieds de son maître. [...]

Les petits l'adoraient, tout en le craignant un peu, car Buck exerçait sur eux une surveillance sévère et ne permettait aucun écart à la règle. D'ailleurs, ils n'étaient pas seuls à le redouter, le sentiment de sa propre importance et le respect universel qui l'entourait investissant le bel animal d'une dignité vraiment royale.

**Jack London**, *L'Appel de la forêt* (1903), traduit de l'anglais par R. de Galard

**1** **a. Relevez au moins deux adjectifs qui décrivent le chien Buck.** 2 POINTS

..........

**b. Mettez ces adjectifs au féminin, puis au féminin pluriel.** 2 POINTS

..........

**2** **a. Mettez les phrases en rouge au présent.** 4 POINTS

..........

..........

**b. Dans ces phrases au présent, entourez le couple d'homophones. Lequel est un déterminant possessif ? un verbe ?**

..........

**3** **Dans la partie en bleu, entourez les adjectifs qualificatifs et soulignez les noms auxquels ils se rapportent.** 6 POINTS

**4** **Relevez deux attributs du sujet.** 2 POINTS

..........

**5** **Recopiez la phrase en vert en remplaçant « Buck » par « Les chiens ».** 2 POINTS

..........

..........

**6** J'APPLIQUE POUR ÉCRIRE **Rédigez la suite : le juge disparaît mystérieusement, racontez la réaction de Buck.** 6 POINTS

..........

..........

..........

JE COMPRENDS L'ORTHOGRAPHE D'UN TEXTE ET JE SAIS ME RELIRE

**Ma note globale : ........../ 24**

- entre 0 et 8 points : à consolider
- entre 9 et 16 points : maîtrisé
- entre 17 et 24 points : dépassé

# 56 Dictée préparée Orthographe

▶ Le texte que va vous dicter votre professeur s'appuie sur les notions travaillées dans les Fiches 42 à 48. Vérifiez que vous les avez bien comprises avant de commencer la dictée.

## JE RÉVISE ET JE PRÉPARE LA DICTÉE

**1 Transformez les noms et adjectifs en gras en les accordant correctement.** ▶ Fiches 42 à 44

1. Tu es **fier**. → Ils sont ........................ .
2. Il est **nouveau**. → Elle est ................ .
3. Il est **nouveau**. → Ils sont ................ .
4. Il est **sportif**. → Elle est ................... .
5. Elle est **heureuse**. → Il est ........................................ .
6. un **élève** → une ........................................................
7. un événement **culturel** → des activités ...................
8. les **choix** → le ........................................................

**2 Complétez en imaginant le reste de la phrase.** ▶ Fiches 45, 46

1. Tout à coup arrivent ........................................................ . 2. Ils ont l'air .................................. . 3. Les ......................... élèves sont .................................................. de se retrouver et les élèves ................................................ restent .................................. .

**3 Recopiez la bonne réponse.** ▶ Fiches 45 à 48

1. On les (*aide/aident*) ........................ à se (*repéré/repérer*) ............................ .
2. Ils sont (*perdu/perdus*) ............................ . 3. Ils (*on/ont*) ...................... l'air reposés.
4. Après le (*cour/cours*) ........................, ils vont dans la (*cour/cours*) ...................... de récréation.

## J'ÉCRIS LA DICTÉE

Écoutez la dictée
hatier-clic.fr/23c689

..........................................................................................................................................

..........................................................................................................................................

..........................................................................................................................................

..........................................................................................................................................

..........................................................................................................................................

..........................................................................................................................................

..........................................................................................................................................

## JE RELIS MA DICTÉE

- **Première relecture** Je cherche les verbes et je vérifie leurs accords.
- **Deuxième relecture** Je vérifie l'orthographe des mots avec l'exercice 1.

## SE CORRIGER EN BINÔME

Je **souligne** mes erreurs dans la dictée et je les **corrige** dans le tableau. En binôme je réfléchis à ce que je dois **vérifier** pour ne plus les refaire.

| LES MOTS CORRIGÉS | COMMENT NE PLUS REFAIRE CES ERREURS |
|---|---|
| | |

# 57 L'origine des mots

Exercices en +
hatier-clic.fr/23c690

Le mot **temps** vient du latin ***tempus***.

- L'étude de l'origine des mots et de leur évolution est l'**étymologie**.
- Plusieurs langues ont contribué à la création des mots français : le **gaulois** (chêne), l'**allemand** (vampire), l'**arabe** (zéro), l'**italien** (carnaval), l'**espagnol** (guitare), l'**anglais** (sport)...
- Mais ils viennent majoritairement des langues de l'Antiquité : le **latin** et le **grec**.
Les mots d'origine grecque sont souvent utilisés pour former des **mots savants**.

| Mots latins | Sens | Exemples | Mots grecs | Sens | Exemples |
|---|---|---|---|---|---|
| *alter* | autre | alternative | *bio* | vie | biographie |
| *domus* | maison | domicile | *chrono* | temps | chronomètre |
| *tabula* | table | tabulaire | *géo* | terre | géographie |
| *humus* | sol | humide | *hydro* | eau | déshydrater |
| *piscis* | poisson | piscine | *graph* | écriture | biographie |
| *video* | je vois | visible | *ortho* | droit | orthodontie |
| *voco* | j'appelle | convoquer | *logie* | science, étude | biologie |

**Vérifiez que vous avez bien compris la leçon en donnant un mot français issu de ces mots latins et grecs.**

*homo* : .................................. *rosa* : .............................. *mikros* : ............................

## 1 Remplacez ces expressions par un mot étranger fréquemment utilisé.

**1.** fin de semaine : ................................ **2.** pantalon court : ......................

**3.** tarte salée garnie de tomates et de fromage : ................................................

**4.** jeune personne qui garde les enfants : ............................................................

**5.** petite saucisse rouge et épicée : .......................................................................

## 2 Trouvez un mot français dont l'orthographe s'explique par les lettres en gras du mot latin ou grec.

**1.** vo**x** : .................................. **4.** pa**x** : .................................. **7.** cor**p**us : ..............................

**2.** lu**p**us : .............................. **5.** r**h**inos : .............................. **8.** di**g**itus : ..............................

**3.** ni**d**us : .............................. **6.** gra**ph**o : .............................. **9.** vi**g**inti : ..............................

## 3 Complétez les lettres soulignées avec la racine grecque ou latine qui convient.

*mono/uni* = un seul • *poly/multi* = plusieurs • *pan/omni* = tout • *iso/equi* = égal

**1.** un tableau ..............colore **4.** un triangle..............latéral **7.** une vue en..........oramique

**2.** un ton ....................corde **5.** un triangle..............cèle **8.** des feuilles..........copiées

**3.** un............................forme **6.** un animal..................vore **9.** un élève..................glotte

# 58 Les familles de mots

Exercices en + hatier-clic.fr/23c691

en**terr**er **terr**asse at**terr**ir extra**terr**estre

- Les mots d'une **même famille** sont formés à partir d'**un seul radical**.
  enterrement terrier terrassement
- Le **radical** des mots d'une même famille peut avoir des **formes différentes**.
  fleur floraison fleurir flore

**Vérifiez que vous avez bien compris la leçon : trouvez trois mots de la famille de *mer* dont un avec un radical différent.**

mer : ..........................................................................................

**1 Classez ces mots par familles.**

chauffage • brûlant • charrette • réciter • réchauffer • vitrage • brûlure • chaleur • chariot • vitrine • récitant • vitrier • charrue • brûleur • récitation

| 1re famille | 2e famille | 3e famille | 4e famille | 5e famille |
|---|---|---|---|---|
| .................... | .................... | .................... | .................... | .................... |
| .................... | .................... | .................... | .................... | .................... |
| .................... | .................... | .................... | .................... | .................... |

**2 Soulignez l'intrus dans chaque famille de mots.**

1. chevalier • chevalerie • chevaleresque • chevaucher • chevelure
2. allumette • lumière • lampadaire • lumineux • illuminer
3. papier • pape • papetier • paperasse
4. goûter • dégoûter • dégoût • goutte • dégoûtant

**3 Donnez le radical des familles de mots (une famille a deux radicaux).**

1. amitié • amical • amicalement • inamical : ..........................................
2. contrôler • contrôleur • contrôlable • incontrôlable : ..........................................
3. terroriser • terrible • terroriste • terrifiant : ..........................................
4. rêver • rêverie • rêveur • rêvasser : ..........................................

**4 Créez des familles de mots en utilisant différentes classes grammaticales.**

1. adroit : ..........................................
2. bond : ..........................................
3. juste : ..........................................

**5 J'APPLIQUE POUR DIRE Un élève donne un mot et un autre doit trouver des mots de la même famille. Puis inversez les rôles.**

Ex : Donner des mots de la famille de *vie/froid/mettre/poser*.

# 59 La formation des mots

Exercices en +
hatier-clic.fr/23c692

Je n'ai jamais de **chance**. Quelle **malchance** ! Je suis **malchanceuse**.

- La base d'un mot est le **radical** : c'est lui qui porte le **sens** d'origine du mot.

  triste tristesse tristement attristé

- Il peut être précédé d'un **préfixe** qui sert à changer le sens du mot (*in-*, *dé-* : négatif, *re-* : répétition...).

  déranger inutile redire

- Il peut être également suivi d'un **suffixe** qui sert à changer la classe grammaticale du mot.

  changer/changement faire/faisable

  verbe nom verbe adjectif

**Vérifiez que vous avez bien compris la leçon : complétez.**

Quel est le radical du mot *porter* ? ....................

Trouvez un mot ayant le même radical avec un suffixe : ....................

Trouvez un mot ayant le même radical avec un préfixe : ....................

**1 Soulignez le radical et entourez le préfixe et le suffixe.**

indiscutable • emportement • retournement • exportation • revêtement • enchanteur • rajeunir • détour • impensable • recoudre • décollage •mobiliser • virage • grandir

Tous les mots n'ont pas forcément de **préfixe** et/ou de **suffixe**.

**2 Donnez le contraire des mots, en ajoutant un préfixe.**

faire : ....................
visible : ....................
légal : ....................
joint : ....................
ordonné : ....................
patient : ....................
heureux : ....................
connu : ....................

**3 Formez un nom à partir des verbes en utilisant un suffixe.**

espérer : ....................
chanter : ....................
jardiner : ....................
inquiéter : ....................
parfumer : ....................
mentir : ....................
considérer : ....................
grandir : ....................

**4 Donnez le sens de chaque verbe. Puis employez-le dans une phrase de votre invention.**

1. dire : ....................
2. médire : ....................
3. redire : ....................
4. prédire : ....................
5. contredire : ....................

**5** Formez deux mots utilisant un préfixe et/ou un suffixe.

1. gros : ..............................
2. point : ..............................
3. clair : ..............................
4. vieux : ..............................
5. mer : ..............................
6. terre : ..............................

**6** Complétez en ajoutant ou supprimant des préfixes et des suffixes comme dans l'exemple.

| Nom | Verbe | Adjectif qualificatif |
| --- | --- | --- |
| grandeur | agrandir | grande |
| marque | .............................................. | .............................................. |
| .............................................. | terroriser | .............................................. |
| .............................................. | dégoûter | .............................................. |
| .............................................. | .............................................. | lumineux |
| mémoire | .............................................. | .............................................. |
| .............................................. | prévoir | .............................................. |

**7** J'APPLIQUE POUR DIRE **Un élève donne un mot et un autre doit utiliser un préfixe ou un suffixe pour trouver des mots ayant le même radical. Puis inversez les rôles.**

**8** J'APPLIQUE POUR LIRE **Encadrez les préfixes et suffixes des mots en gras.**

Quarante-huit heures restaient encore à **passer** ; à mon grand regret, je dus les employer à nos **préparatifs** ; toute notre intelligence fut employée à **disposer** chaque objet de la façon la plus **avantageuse**, les instruments d'un côté, les armes d'un autre, les outils dans ce paquet, les vivres dans celui-là.

**Jules Verne**, *Voyage au centre de la Terre* (1864)

**9** J'APPLIQUE POUR ÉCRIRE **Racontez vos activités en récréation en utilisant des mots ayant pour radical *-terr-*, *-pot-* et *-plant-*.** ..............................................................................

..............................................................................................................

..............................................................................................................

..............................................................................................................

## DÉJÀ FINI ?

JEU **10** **Trouvez la solution de cette charade.**

Mon premier est une lettre portant un accent. ........ Mon deuxième est le contraire de *sombre*. ..................... Mon troisième se compte en années. ...................

Mon tout est un nom commun qui fait passer de l'ombre à la lumière. ..............................................

**Soulignez son radical.**

DÉFI ! **11** **Barrez tous les mots ayant un préfixe et/ou un suffixe pour trouver l'énoncé d'une devinette que vous devrez résoudre.** 5 minutes

Qu'expatrierestenterrer-cedisponiblequ'transportunerecommencerchauve-sourisincessantavecdéracinerunepluviositéperruque ?

**Devinette** : ..............................................................................................

**Réponse** : ..............................................................................................

# 60 Les synonymes et les antonymes

Exercices en +
hatier-clic.fr/23c694

J'ai un nouveau **copain**, cela me fait beaucoup d'**amis** !
Il a **peur**, mais il est **confiant**.

- Les synonymes sont des mots de **même sens** ou de **sens proches**. Ils appartiennent à la même classe grammaticale.
  joli • beau (adjectifs) bâtiment • immeuble (noms)
- Les synonymes peuvent appartenir à différents **niveaux de langue**.
  bouffer (niveau familier) manger (niveau courant) déguster (niveau soutenu)
- Les antonymes sont des mots de **sens opposés**. Ils sont de la même classe grammaticale. Certains antonymes se forment en ajoutant ou modifiant un **préfixe** ou un **suffixe**.
  amour • haine (noms) réel • **ir**réel (adjectifs) arriver • partir (verbes)

**Vérifiez que vous avez bien compris la leçon : réécrivez cette phrase avec un synonyme de *heureux*, puis une autre phrase avec son antonyme.**

Il est **heureux** de partir en vacances.

..................................................

..................................................

**1** **Reliez les synonymes.**

1. rêver • • semblable
2. équivalent • • réussite
3. victoire • • adroit
4. agile • • songer
5. rivière • • cours d'eau

**2** **Reliez les antonymes.**

1. lentement • • captivité
2. laideur • • illégal
3. punir • • rapidement
4. légal • • beauté
5. liberté • • récompenser

**3** **Trouvez un synonyme de chaque mot.**

1. délicieux : ..........
2. grand : ..........
3. court : ..........
4. calme : ..........
5. fatiguer : ..........
6. pointu : ..........
7. peureux : ..........
8. solitude : ..........
9. facile : ..........
10. radin : ..........
11. calmement : ..........
12. rester : ..........

**4** **Trouvez un antonyme de chaque mot.**

1. vérité : ..........
2. fermé : ..........
3. souple : ..........
4. généreux : ..........
5. crier : ..........
6. entrée : ..........
7. méchant : ..........
8. ancien : ..........
9. partir : ..........
10. casser : ..........
11. ajouter : ..........
12 : mensonge : ..........

**5** **Trouvez un synonyme et un antonyme de chaque mot souligné.**

1. Cette pièce est claire. **Synonyme :** ............ **Antonyme :** ............
2. L'eau du ruisseau est claire. **Synonyme :** ............ **Antonyme :** ............
3. Ton exposé est très clair. **Synonyme :** ............ **Antonyme :** ............
4. Quel livre passionnant ! **Synonyme :** ............ **Antonyme :** ............

**6** J'APPLIQUE POUR LIRE **Lisez cet extrait de fable, puis répondez aux questions.**

« Sans mentir, si votre ramage
Se rapporte à votre plumage,
Vous êtes le Phénix des hôtes de ces bois. »
À ces mots le Corbeau ne se sent pas de **joie** ;
Et pour **montrer** sa belle voix,
Il **ouvre** un **large** bec, laisse tomber sa proie.

**Jean de La Fontaine**, *Fables*, « Le Corbeau et le Renard » (1668)

a. **Trouvez un synonyme de chaque mot souligné.**
se rapporte : ............ hôtes : ............ bois : ............ large : ............

b. **Trouvez un antonyme de chaque mot en gras.**
joie : ............ montrer : ............ ouvre : ............ large : ............

**7** J'APPLIQUE POUR DIRE **Un élève donne un mot et un autre doit trouver un synonyme et un antonyme. Puis inversez les rôles. Pensez à varier les classes grammaticales.**

**8** J'APPLIQUE POUR RÉÉCRIRE **Remplacez les mots en gras par un synonyme plus précis.**

1. Je **fais** ............ la vaisselle.
2. Ils **font** ............ de délicieux plats.
3. Je **fais** ............ du piano.
4. Elles **font** ............ un sport.
5. Elle **est** ............ à une autre adresse.
6. Il m'a **dit** ............ de recommencer.
7. Il **a** ............ des lunettes.
8. Elle **dit** ............ son nom.
9. Il **a** ............ une douleur.
10. « Va au diable », **dit-elle** ............ .
11. Elle **a** ............ une belle voiture.
12. Je lui ai **dit** ............ non.

## DÉJÀ FINI ?

JEU **9** **Complétez cette pyramide avec les antonymes de ces mots.**

1. non
2. plein
3. fin
4. dedans
5. donner
6. jamais

1. .... .... ....
2. .... .... .... ....
3. .... .... .... .... ....
4. .... .... .... .... .... ....
5. .... .... .... .... .... .... ....
6. .... .... .... .... .... .... .... ....

DÉFI ! **10** **Décrivez (en deux phrases à chaque fois) deux personnes, deux lieux ou deux animaux qui ont des qualités ou caractéristiques contraires.**

10 minutes

............................................................

............................................................

# 61 Les homonymes

Sur un bateau de **pêche**, il a mangé une **pêche**.

- Les homonymes sont des mots ayant la **même prononciation** mais un **sens différent**.
  fer faire
- Les homonymes qui ne s'écrivent pas de la même façon sont appelés des **homophones**.
  foie fois foi Foix
- Les homonymes ne sont pas forcément de la même **classe grammaticale**.
  le **bois** (nom) tu **bois** (verbe)

**Vérifiez que vous avez bien compris la leçon : complétez.**

Trouvez des homonymes du mot *mer* : ........................................

**1** **Inventez une phrase pour chacun des homonymes.**

1. le thon : ........................................
2. ton : ........................................
3. le ton : ........................................
4. tond : ........................................
5. mais : ........................................
6. mes : ........................................

**2** **Complétez ces phrases avec des homonymes du mot *verre*.**

1. Le poète écrit en ........................................
2. Mon nouveau pull est ........................................
3. Quel énorme ........................................ de terre !
4. J'ai fini de laver les ........................................

**3** **Trouvez au moins deux homonymes pour chaque mot.**

1. cent : ........................................
2. ces : ........................................
3. mètre : ........................................
4. sang : ........................................

**4** **Complétez avec des homonymes du mot *la*.**

1. Elle est partie sans ........ voiture. Elle ........ oubliée ........, sur ........ place de parking.
2. La peur ........ pris, il a aussitôt couru ........, sur la route. ........-tu vu ?
3. Nous avons gagné ........ course. Sonia ........ finie en premier. Tu ........ félicitée.

**5** **Remplacez les mots soulignés par les bons homonymes.**

1. Mais qu'il est seau .................... ! Il a oublié de remplir le sot ....................
2. Ma pot .................... est recouverte de tatouages. Je l'ai raté, quel manque de peau .................... !
3. Combien de mettre .................... mesure cette nappe ?

**6** J'APPLIQUE POUR ÉCRIRE **Écrivez une phrase avec trois homonymes du mot *ver*.**

........................................................................................................

........................................................................................................

# 62 Les mots composés

Exercices en +
hatier-clic.fr/23c697

un chou-fleur    le chemin de fer

- Les mots composés sont formés de **deux ou plusieurs mots** qui sont le plus souvent :
  - **reliés** par un trait d'union : un lave-vaisselle
  - ou **reliés** par une préposition : une machine à écrire
- Les mots composés peuvent être des **noms**, des **adjectifs**, des **verbes**, des **prépositions**...

  un lave-vaisselle (lave : verbe, vaisselle : nom)    une machine à écrire (machine : nom, à : prép., écrire : verbe)    un grand-oncle (grand : adj., oncle : nom)

**Vérifiez que vous avez bien compris la leçon : complétez les phrases avec un mot composé.**

Cet immeuble gigantesque s'appelle un ..............................

Le .............................. est un outil qui permet de réaliser des soudures.

## 1 Associez les mots entre eux pour former huit mots composés.

| | | | |
|---|---|---|---|
| une sourde- | un porte- | midi | tête |
| une demi- | un lave- | linge | sœur |
| un sous- | un appui- | bonheur | sol |
| un sèche- | un après- | muette | cheveux |

..............................................................................................................

..............................................................................................................

## 2 Formez sept mots composés avec ces mots.

avant • arrière • poisson • garde • salle • manger • boutique • goût • chat

Vous devrez parfois utiliser une **préposition** pour relier deux mots.

..............................................................................................................

..............................................................................................................

## 3 Trouvez les noms composés correspondant aux définitions.

1. Objet permettant d'ouvrir des conserves : ..............................
2. Oiseau coloré vivant sur les berges et pêchant du poisson : ..............................
3. Objet permettant d'ouvrir les fruits à coque : ..............................

## 4 Trouvez les bons mots composés qui ont été mal assemblés.

**Ex :** Je suis monté tout en haut du ~~ramasse-ciel~~ gratte-ciel.
Ma table est prête : j'ai utilisé le ~~gratte-miettes~~ ramasse-miettes.

1. Arrête le ~~cerf-grenouille~~ .............................., tu vas brûler ta tartine.
2. Un ~~après-volant~~ .............................. a plongé dans le lac.
3. Cet ~~homme-pain~~ .............................., j'irai au cinéma.
4. Mon ~~grille-midi~~ .............................. s'élève dans le ciel.

# 63 MÉTHODE Utiliser le dictionnaire

## ✔ Je cherche au bon endroit

ÉTAPE 1

- Les mots sont classés par **ordre alphabétique** (les verbes à l'infinitif, les noms et les adjectifs au masculin singulier).
- Situez la **première lettre** du mot dans l'alphabet pour savoir où ouvrir le dictionnaire.
  métamorphose → lettre M = milieu du dictionnaire
- Repérez les lettres qui **suivent** la première lettre. métamorphose
- **Tournez** les pages jusqu'à ce que les premières lettres des **mots-repères** (placés en haut des pages) correspondent à celles du mot recherché.
- **Parcourez** la double page de haut en bas et de gauche à droite pour trouver le mot.
  Mots-repères pour *métamorphose* : MÉTAL – MÉTÉORE.

## ✔ Je comprends les informations données dans l'article

ÉTAPE 2

Classe grammaticale — Sens 1 — Sens 2 — Sens 3 — Étymologie — Exemples — Antonyme — Synonyme

**gratuit, e** [gratui, it] adj. (lat. *gratuitus*). **1.** Qui est donné ou reçu sans paiement : *Une consultation gratuite. Entrée gratuite* (SYN. libre ; CONTR. payant). ◊ *À titre gratuit*, sans avoir rien à payer (SYN. gratuitement ; CONTR. à titre onéreux). **2.** Se dit d'une opinion ou d'une action sans fondement, sans justification : *Affirmation gratuite* (SYN. arbitraire). **3.** Acte gratuit, qui n'a aucun motif, étranger à toute morale.

*Dictionnaire du français au collège* © Larousse collège

- De nombreux renseignements sont notés à l'aide d'**abréviations**.

| | | | |
|---|---|---|---|
| **n.** (nom) | **adj.** (adjectif) | **v.** (verbe) | **adv.** (adverbe) |
| **m.** (masculin) | **f.** (féminin) | **pl.** (pluriel) | **prép.** (préposition) |
| **syn.** (synonyme) | **ant.** ou **contr.** (antonyme) | **fam.** (familier) | **pop.** (populaire) |

## ✔ Je trouve la bonne définition

ÉTAPE 3

- Certains mots peuvent avoir **plusieurs sens**. Pour trouver le sens d'un mot, il faut tenir compte du texte dans lequel il se trouve (le **contexte**) ainsi que des exemples donnés.
  Sa méchanceté est **gratuite**. → sens 3 (voir article « gratuit » ci-dessus)

### À RETENIR

Pour bien utiliser le dictionnaire, je dois :

✔ Bien connaître l'**alphabet**.

✔ M'aider des **mots-repères** en haut des pages.

✔ M'aider des **exemples** pour trouver la bonne définition.

✔ Comprendre les **abréviations**.

## JE VÉRIFIE QUE J'AI BIEN COMPRIS

**1** **a. Classez ces mots par ordre alphabétique.**

igloo • iguane • ignorance • ignominie • iguanodon • ignoble • ikebana • ignorer • ignifuger

..........

**b. Cherchez un synonyme et un antonyme de *ignoble*.**

..........

## J'APPLIQUE LA MÉTHODE

**2** **Soulignez les mots qui ne sont pas dans la double page de mots-repères CHAUD-CHENILLE.**

chauffage • chèque • cheveu • chef • chérubin • chemin • chausson • chercher • chaton

**3** **Trouvez l'abréviation de la classe grammaticale de chaque mot en vous aidant d'un dictionnaire. Plusieurs réponses sont parfois possibles.**

1. bague ..........
2. vers ..........
3. montrer ..........
4. lever ..........
5. haie ..........
6. hier ..........
7. fragile ..........
8. et ..........
9. leur ..........

**4** **Relevez dans un dictionnaire quatre sens du mot *tête*. Donnez un exemple.**

1. ..........
2. ..........
3. ..........
4. ..........

**5** **Reliez chaque phrase à la définition de *couper* qui convient.**

1. Elle **s'est coupé** le pied. •
2. Il **coupe** les cartes avec habileté. •
3. Le courant est **coupé**. •
4. Le jardin est **coupé** par la route. •

• **interrompre**
• **traverser**
• **blesser**
• **séparer en deux**

**6** **Employez ces mots dans deux phrases dans lesquelles ils auront un sens différent.**

1. redoubler ..........
2. marche ..........
3. étouffer ..........

**7** J'APPLIQUE POUR ÉCRIRE **Inventez un article complet de dictionnaire pour l'un des mots fantaisistes suivants (ou un mot de votre choix).**

1. un lamparole
2. une rapanoche
3. un gloupinule

..........

..........

..........

..........

# 64 Les sens d'un mot : sens propre et sens figuré

Exercices en + hatier-clic.fr/23c6100

Il est fragile du **cœur**. Il était au **cœur** du complot.

- Certains mots peuvent avoir **différents sens**.
- Le **sens propre** est le premier sens du mot, c'est son sens principal. C'est souvent le sens concret du mot. J'ai placé un **tapis** dans l'entrée.
- Le **sens figuré** est le sens imagé, abstrait de ce mot. Un **tapis** de feuilles recouvre le sol.

**Vérifiez que vous avez bien compris la leçon : expliquez à l'oral le sens du mot en gras dans chaque phrase.**

La **lune** est pleine ce soir. Elle est encore dans la **lune** !

Pour savoir si le mot est utilisé dans un **sens figuré**, demandez-vous si ce qui est exprimé est vraiment possible (Ex : *C'est une fille en or.* → sens figuré).

**1** **Cochez la bonne réponse dans le tableau.**

| | Sens propre | Sens figuré |
|---|---|---|
| 1. Il **a dévoré** son livre ! | ...... | ...... |
| 2. J'ai **un chat** dans la gorge. | ...... | ...... |
| 3. On joue **au chat** et à la souris. | ...... | ...... |
| 4. Occupe-toi de tes **oignons**. | ...... | ...... |
| 5. Le ciel est **orageux**. | ...... | ...... |
| 6. Un peu de **soleil** ne nous ferait pas de mal ! | ...... | ...... |

**2** **Complétez les phrases avec un nom de couleur utilisé au sens figuré.**

1. Cette blague a vexé Léa, elle rit .................... .
2. Tom a eu un beau cadeau, Léo en est ................ de jalousie.
3. Zoé déteste la géographie, c'est sa bête ................ .
4. Il a perdu l'équilibre : il s'est fait une peur ................ .

**3** J'APPLIQUE POUR ÉCRIRE **Pour chacun des mots, créez des phrases afin d'illustrer son sens propre et son sens figuré.**

1. une ruche (**sens propre**) : ..............................................................

une ruche (**sens figuré**) : ..............................................................

2. une perle (**sens propre**) : ..............................................................

une perle (**sens figuré**) : ..............................................................

3. blanche (**sens propre**) : ..............................................................

blanche (**sens figuré**) : ..............................................................

4. drôle (**sens propre**) : ..............................................................

drôle (**sens figuré**) : ..............................................................

# 65 Le champ lexical

Exercices en +
hatier-clic.fr/23c6101

eau, plage, mer, poissons, coquillages, vagues

- Le champ lexical est l'ensemble des mots qui se rapportent à **un même thème.**
  sorcière, chaudron, fée, baguette, dragon → champ lexical du conte de fées
- Les mots d'un champ lexical peuvent appartenir à différentes **classes grammaticales.**

| ami | amitié | fraternel | amicalement | sympathiser |
|---|---|---|---|---|
| nom | nom | adjectif | adverbe | verbe |

**Vérifiez que vous avez bien compris la leçon : complétez.**

sombre, obscur, ........................., chauve-souris, hululer, ................., étoiles, nocturne forment le champ lexical de ......................, car tous ces mots se rapportent au thème de........................

**1** **Précisez le thème de ces champs lexicaux.**

1. nuage, voler, oiseaux, céleste, bleu, soleil : ..........................................................................
2. journal, médiatique, presse, internet, journal télévisé : ..........................................................
3. sculpteur, marbre, ciselé, burin, bois, statue, bas-relief, tailler : ...............................................
4. poulet, frites, pomme, raisin, cake : ...........................................................................

**2** **Barrez l'intrus dans les champs lexicaux suivants.**

1. **la pâtisserie** : gâteau, tarte, crème, bouleau, chocolat, éclair, mousse
2. **la salle de classe** : tableau, feutres, écrire, niche, tables, calculer
3. **le football** : but, joueur, ballon, palme, pénalty, équipe, capitaine
4. **la danse** : chaussons, tutu, salsa, tong, danseur, musique, pas

**3** **Trouvez six mots appartenant aux champs lexicaux suivants en variant les classes grammaticales.**

1. la lumière : ...........................................................................
2. la forêt : ...........................................................................
3. le temps qui passe : ...........................................................................
4. la peur : ...........................................................................

**4** J'APPLIQUE POUR LIRE **Relevez les champs lexicaux en complétant le tableau.**

Le temps a laissé son manteau
De vent, de froidure et de pluie,
Et s'est vêtu de broderie,
De soleil luisant, clair et beau. [...]
Rivière, fontaine et ruisseau
Portent, en livrée jolie,
Gouttes d'argent d'orfèvrerie [...].

**Charles d'Orléans**, *Rondeaux*, Rondeau VI (XVe siècle)

| Champ lexical du vêtement (4 mots) | Champ lexical de la nature (7 mots) |
|---|---|
| ........................ | ........................ |
| ........................ | ........................ |
| ........................ | ........................ |
| ........................ | ........................ |
| ........................ | ........................ |

# 66 BILAN Vocabulaire

Écoutez le texte
hatier-clic.fr/23c6102

▶ Vérifiez que vous avez bien compris les Fiches 58, 60, 61, 64 et 65 avant de traiter ce bilan.

*L'équipage du* Nautilus *est attaqué par un poulpe.*

Le capitaine Nemo s'était précipité sur le poulpe, et, d'un coup de hache, il lui avait encore abattu un bras. Son second luttait avec **rage** contre d'autres monstres qui rampaient sur les flancs du *Nautilus*. L'équipage se battait à coups de hache. Le Canadien, Conseil et moi, nous enfoncions nos armes dans ces masses charnues. [...] C'était horrible.

Un instant, je crus que le malheureux, enlacé par le poulpe, serait arraché à sa puissante succion. Sept bras sur huit avaient été coupés. Un seul, brandissant la victime comme une plume, se tordait dans l'air. Mais au moment où le capitaine Nemo et son second se précipitaient sur lui, l'animal lança une **colonne** d'un liquide noirâtre, sécrété par une bourse située dans son abdomen. Nous en fûmes aveuglés.

**Jules Verne**, *Vingt Mille Lieues sous les mers* (1869)

**1** **Montrez que ce combat est violent en relevant le champ lexical du combat.** 3 POINTS

..................................................................................................................................

..................................................................................................................................

**2** ***rage*, *colonne* : ces mots sont-ils employés au sens propre ? Justifiez votre réponse.** 4 POINTS

..................................................................................................................................

..................................................................................................................................

..................................................................................................................................

**3** **Trouvez des synonymes et des antonymes des mots soulignés en complétant le tableau.** 6 POINTS

| | Synonymes | Antonymes |
|---|---|---|
| le malheureux | .................................... | .................................... |
| se précipitaient | .................................... | .................................... |
| aveuglés | .................................... | .................................... |

**4** **Cherchez des mots appartenant à la famille du mot *arme*.** 3 POINTS

..................................................................................................................................

**5** **Imaginez la fin de ce combat en utilisant le champ lexical du chagrin.** 8 POINTS

..................................................................................................................................

..................................................................................................................................

..................................................................................................................................

..................................................................................................................................

..................................................................................................................................

JE SAIS ANALYSER LE VOCABULAIRE D'UN TEXTE

**Ma note globale : ........../ 24**

- entre 0 et 8 points : à consolider
- entre 9 et 16 points : maîtrisé
- entre 17 et 24 points : dépassé

# 67 Dictée préparée — Vocabulaire

▶ Le texte que va vous dicter votre professeur s'appuie sur les notions travaillées dans les Fiches 59, 61 et 62. Vérifiez que vous les avez bien comprises avant de commencer la dictée.

## JE RÉVISE ET JE PRÉPARE LA DICTÉE

**1 Décomposez les mots suivants en soulignant le radical, en détachant le préfixe et/ou le suffixe. Déduisez-en le sens.** ▶ Fiche 59

1. reprendre : ..........
2. s'entraider : ..........
3. une vinaigrette : ..........
4. un souterrain : ..........

**2 Complétez par l'homonyme correct.** ▶ Fiche 61

1. (*On cède/On s'aide*) .......... facilement à l'amour quand on a le cœur tendre.
2. Avec mon voisin, (*on cède/on s'aide*) .......... pour les devoirs.
3. Que vas-tu (*fer/faire*) .......... de ce vieux (*fer/faire*) .......... à repasser ?
4. Il est sympathique (*mais/mes*) .......... il emprunte toujours (*mais/mes*) .......... affaires.
5. Ils (*on/ont*) .......... reçu ma carte ? Je ne sais pas, (*on/ont*) .......... devrait leur demander.
6. (*Mon/M'ont*) .......... frère et sa femme (*mon/m'ont*) .......... invité pour le week-end.

**3 Associez ces mots pour créer des mots composés.** ▶ Fiche 62

| | | |
|---|---|---|
| un cire | ordures | .......... |
| un ratatine | godasses (= *chaussures* en argot) | .......... |
| un coupe | friture | .......... |

## J'ÉCRIS LA DICTÉE

Écoutez la dictée hatier-clic.fr/23c6103

..........

..........

..........

..........

..........

..........

## JE RELIS MA DICTÉE

▸ **Première relecture** Je cherche les noms composés inventés et je vérifie leur orthographe.

▸ **Deuxième relecture** Je cherche les verbes et je vérifie leur accord. Si j'ai un doute, je cherche le sujet.

## SE CORRIGER EN BINÔME

Je **souligne** mes erreurs dans la dictée et je les **corrige** dans le tableau. En binôme je réfléchis à ce que je dois **vérifier** pour ne plus les refaire.

| LES MOTS CORRIGÉS | COMMENT NE PLUS REFAIRE CES ERREURS |
|---|---|
| | |

68 La grammaire en JEUX

# Vocabulaire

▶ Faites ces jeux à votre rythme.

**1** MÉLI-MÉLO **Voici des noms composés fantaisistes. Remettez dans l'ordre les éléments mélangés pour retrouver les vrais noms composés.**

chauve-fleur • sac à manger • brosse à souris • chou à cheveux • après-dos • salle à midi

........................................................................................................................................

**2** LABO DES MOTS **Complétez avec des mots de la même famille.**

| Noms | Verbes | Adjectifs qualificatifs |
|---|---|---|
| .................................... | .................................... | faible |
| glace | .................................... | .................................... |
| .................................... | familiariser | .................................... |
| mur | .................................... | .................................... |
| .................................... | pâlir | .................................... |
| .................................... | .................................... | rouge |

**3** DEVINETTES **Trouvez les mots qui correspondent aux définitions.**

1. Je suis de la famille de *front*, je désigne un face-à-face agressif, je suis un .................................... .
2. Je suis de la famille de *main*, je suis un outil qui permet de faire tourner un objet sans faire de gros efforts, je suis une .................................... .
3. Je suis de la famille de *glace* et je garde des aliments au frais, je suis une .................................... .

**4** REMUE-MÉNINGES **Trouvez les diminutifs de ces mots dans la grille.**

chèvre • chat • lion • cour • âne • jupe • rue • île • médaille

| | | | | | | | | | |
|---|---|---|---|---|---|---|---|---|---|
| C | M | E | D | A | I | L | L | O | N |
| O | H | G | A | J | K | O | I | A | J |
| U | R | E | C | H | A | T | O | N | U |
| R | A | U | V | F | L | P | N | O | P |
| E | L | O | E | R | I | Q | C | N | E |
| T | I | V | B | L | E | R | E | S | T |
| T | T | I | O | E | L | A | A | T | T |
| E | E | T | R | D | M | E | U | U | E |

**5** PYRAMIDE **Trouvez les mots manquants qui sont tous des homonymes.**

1. Je ne peux pas conduire, j'ai bu du ............ .
2. Tous ces efforts en ............ ! Quel dommage !
3. Il ............ enfin à notre rencontre.
4. Je me souviens du jour où tu ............ avec moi en vacances.
5. Il a acheté ............ roses pour son anniversaire.

1. ... ... ...
2. ... ... ... ...
3. ... ... ... ...
4. ... ... ... ...
5. ... ... ... ... ...

**6** MOTS MÊLÉS **Retrouvez les expressions au sens figuré dont on a mélangé les éléments.**

avoir un chat dans • les pieds • de vipère • voler dans • une langue • casser • la gorge • être • les plumes

........................................................................................................................................

# 69 Le vocabulaire des sentiments et des émotions

- Une **émotion** décrit l'état psychologique dans lequel on se trouve, de façon brève.
- Le **sentiment** est plus durable et moins vif que l'émotion.

| | |
|---|---|
| La joie | gaieté, extase, euphorique, se réjouir, ........ |
| Le bonheur | bien-être, béatitude, contentement, ........ |
| La colère | fureur, s'indigner, exaspéré, ........ |
| La haine | antipathie, hostile, détester, ........ |
| L'amour | affection, passionné, aimer, ........ |
| L'admiration | reconnaissance, admiratif, estimer, ........ |

**Complétez le tableau avec vos propres exemples (au moins un mot par case).**

**1 Associez chaque nom de la première colonne à un synonyme de la seconde colonne.**

| | |
|---|---|
| 1. indignation • | • révolte |
| 2. sérénité • | • estime |
| 3. hostilité • | • épouvante |
| 4. joie • | • animosité |
| 5. admiration • | • confiance |
| 6. frayeur • | • allégresse |

**2 Classez ces mots du sens le plus faible au sens le plus fort.**

1. embarrassé • confus • honteux • gêné : ........
2. abattu • maussade • triste • désespéré : ........
3. content • ravi • béat • satisfait : ........
4. feu • béguin • amour • passion : ........

**3 Associez un sentiment ou une émotion à chacune de ces expressions.**

1. Pleurer comme une madeleine : ........
2. Être aux anges : ........
3. Avoir la chair de poule : ........
4. Faire les cent pas : ........
5. Avoir le sang qui bout : ........
6. Les bras m'en tombent : ........
7. Ne pas en croire ses yeux : ........

**4 J'APPLIQUE POUR ÉCRIRE Choisissez trois mots de la liste et imaginez en une phrase une situation où l'on peut ressentir chacun(e) de ces sentiments ou émotions.**

l'estime • l'aversion • la rancune • la fierté • l'allégresse • la compassion • la haine • le ravissement • le mépris • la tendresse • la confiance • l'estime • le regret • l'envie

........

........

# 70 Le vocabulaire du monstre

- Un monstre est une **créature fantastique** ou **réelle** qui inspire la peur ou le dégoût ; c'est souvent une créature **épouvantable**, laide et cruelle.
- On le trouve surtout dans les **romans d'aventures**, les **contes** et les **récits mythologiques**.

| | |
|---|---|
| **Vocabulaire du monstre** | dévorer, hurler, écraser, monstrueux, hideuse, géant, horreur, robuste, gigantesque, barbare, repoussant, crochu, pointu, verdâtre, .................. ........................................................................ |
| **Des monstres célèbres de forme animale** | Cerbère, Charybde, Scylla, Minotaure, sirène, loup-garou, ........................................................ |
| **Des monstres célèbres de forme humaine** | Ogre, sorcier, vampire, Circé, Méduse, troll, ........................................................................ |
| **L'origine du mot « monstre »** | Il vient du ........................ *monstrum* qui désigne un être hors du commun. |

**Complétez le tableau avec vos propres exemples (au moins un mot par case).**

**1** **Associez un adjectif de la liste à chaque nom pour le rendre effrayant. Aidez-vous des accords.**

terrifiant • démoniaque • impitoyables • brutale • féroce • sanguinaire • cruel • tranchantes • possédée

**1.** un monstre ......................
**2.** une créature ......................
**3.** une femme ......................
**4.** un chat ..............................
**5.** un géant ...........................
**6.** des yeux ...........................
**7.** des griffes ........................
**8.** une ogresse ......................
**9.** une créature .....................

**2** **Rangez ces mots dans la bonne colonne.**

déchiqueter • hurlement • affreux • colère • verdâtre • dents pointues • stupide • informe • crochu • écraser • repoussant • dévorer • bestial • rancunier • barbare • bondir • force • pouvoir surnaturel • se dresser • prodigieux • intrépide • rugir • tentacules

| Action | Apparence | Caractère et qualités |
|---|---|---|
| ........................ | ........................ | ........................ |
| ........................ | ........................ | ........................ |
| ........................ | ........................ | ........................ |
| ........................ | ........................ | ........................ |

**3** **Trouvez au moins six synonymes du mot *monstrueux*.**

..........................................................................................................................

..........................................................................................................................

**4** **Reliez chaque monstre à sa description.**

| | |
|---|---|
| Harpie • | • Chien à trois têtes |
| Hydre • | • Géant avec un seul œil |
| Centaure • | • Corps de chien et têtes de serpent |
| Cerbère • | • Chevelure de serpents |
| Cyclope • | • Corps de cheval et tête d'homme |
| Méduse • | • Tête de femme et corps de rapace |

**5** J'APPLIQUE POUR LIRE a. **Soulignez les mots qui indiquent qu'il s'agit d'un monstre.**
b. **Nommez le champ lexical utilisé.** ..........................................................................................

Quand elles furent à la porte du château, elles frappèrent : aussitôt une vieille femme épouvantable leur vint ouvrir, elle n'avait qu'un œil au milieu du front, mais il était plus grand que cinq ou six autres, le nez plat, le teint noir et la bouche si horrible, qu'elle faisait peur ; elle avait quinze pieds de haut et trente de tour.

**Mme d'Aulnoy**, « Finette Cendron » (1697)

**6** J'APPLIQUE POUR DIRE **Décrivez en chaîne à plusieurs un monstre imaginaire ou issu d'une lecture ou d'un film.**

Ex : Le basilic est un énorme serpent (élève 1). Son corps est épais comme un tronc de chêne (élève 2). Il... (élève 3).

**7** J'APPLIQUE POUR ÉCRIRE **Dessinez un monstre (humain ou animal) que vous décrirez ensuite de façon précise, tant physiquement que moralement. Vous pouvez vous appuyer sur les mots de la leçon.**

..........................................................................................
..........................................................................................
..........................................................................................
..........................................................................................
..........................................................................................
..........................................................................................
..........................................................................................

## DÉJÀ FINI ?

DÉFI ! **8** **Complétez ce tableau en trouvant un monstre par lettre de l'alphabet. Aidez-vous d'une encyclopédie en ligne si besoin.**

5 minutes

| | | | |
|---|---|---|---|
| A.............................. | B.............................. | C.............................. | D.............................. |
| E.............................. | F.............................. | G.............................. | H.............................. |
| I.............................. | J.............................. | K.............................. | L.............................. |
| M.............................. | N.............................. | O.............................. | P.............................. |
| Q.............................. | R.............................. | S.............................. | T.............................. |
| U.............................. | V.............................. | W.............................. | X.............................. |
| Y.............................. | Z.............................. | | |

# 71 Le vocabulaire du merveilleux

- Le **merveilleux** caractérise ce qui appartient au **surnaturel**, au monde de la **magie** et de la **féerie**. On le rencontre le plus souvent dans les **contes**.

| | |
|---|---|
| **Personnages surnaturels** | fée, dragon, lutin, sorcière, licorne, génie, elfe, sirène, …………… |
| **Qualités et défauts** | bonté, courage, méchanceté, …………… |
| **Lieux enchantés** | château, forêt, bois, marais, …………… |
| **Faits et actions magiques** | rétrécir, s'effacer, devenir, disparition, transformation, maudire, …………… |
| **Objets magiques** | clé, baguette, bottes, anneau, épée, grimoire, …………… |

**Complétez le tableau avec vos propres exemples (au moins un mot par case).**

**1** **Reliez chaque mot à sa définition.**

1. une métamorphose •
2. un maléfice •
3. un grimoire •
4. une enchanteresse •
5. surnaturel •
6. une féerie •

- • Ce qui n'est pas réel.
- • Personne dotée de pouvoirs surnaturels.
- • Ce qui appartient au monde des fées.
- • Un vieux livre (de magie).
- • Un changement de forme.
- • Un mauvais sort.

**2** **Trouvez des mots de la même famille.**

1. enchanté : ……………
2. sort : ……………
3. merveilleux : ……………

Le mot « **merveilleux** » vient du latin *mirabilia* qui signifie : choses étonnantes, admirables et même miracles.

**3** J'APPLIQUE POUR LIRE ET ÉCRIRE **Lisez ce texte et répondez aux questions.**

La bonne femme, ayant bu, lui dit : « Vous êtes si belle, si bonne, et si honnête, que je ne puis m'empêcher de vous faire un don (car c'était une Fée qui avait pris la forme d'une pauvre femme du village, pour voir jusqu'où irait l'honnêteté de cette jeune fille). Je vous donne pour don, poursuivit la Fée, qu'à chaque parole que vous direz, il vous sortira de la bouche ou une Fleur, ou une Pierre précieuse. »

**Charles Perrault**, « Les Fées » (1697)

a. **Relevez le vocabulaire du merveilleux.** ……………

b. **Grâce à quelles qualités la jeune fille reçoit-elle ce don ?** ……………

……………

c. **Réécrivez la dernière phrase en transformant le don en malédiction.**

……………

……………

# 72 Le vocabulaire de l'aventure



- Le récit d'aventures raconte les **actions** de **personnages** courageux. Ils affrontent souvent des **situations dangereuses** et surmontent des **épreuves.**
- C'est un **récit à suspense** qui suscite des **émotions fortes** chez les lecteurs.

| | |
|---|---|
| **Types de personnages** | aventurier, aventurière, pirate, explorateur, bandit, navigatrice, aviatrice, ........ |
| **Dangers** | mygale, pirates, tigre, cannibales, éboulement, piège, poison, effondrement, ........ |
| **Émotions, sentiments** | crainte, amour, peur, admiration, hostilité, ........ |
| **Actions** | escalader, affronter, voyager, fuir, sauter, décoder, bondir, ........ |

**Complétez le tableau avec vos propres exemples (au moins un mot par case).**

**1** **Donnez des mots de la famille de l'aventure.**

........

**2** **Trouvez des synonymes du mot *aventure*.**

........

**3** **Classez ces mots dans la bonne colonne.**

méchant • courageux • loyal • infidèle • généreux • brave • nuisible • fourbe • droit • rancunier • borné • aimable • modeste • franc • tolérant • avare • jaloux • faux • habile • curieux • peureux • maladroit

| Qualités du héros et de ceux qui l'aident | Défauts des ennemis et des opposants |
|---|---|
| ........ | ........ |
| ........ | ........ |

**4** **Complétez ces expressions qui expriment la peur.**

1. Avoir les mains ........
2. Avoir la gorge ........
3. Trembler comme une ........
4. Étouffer un ........
5. Avoir les dents qui ........
6. Avoir les cheveux ........
7. Sentir son sang ........
8. Avoir les jambes comme du ........

**5** J'APPLIQUE POUR ÉCRIRE **Racontez votre plus grosse frayeur en utilisant ces mots.**

blêmir • être pétrifié • se blottir • trembler • terreur • se ruer sur • sinistre • sournois • rassuré(e)

........

........

........

# 73 Le vocabulaire de la ruse

- Une ruse est un procédé **ingénieux** pour échapper à quelqu'un ou pour tromper une victime. Elle permet souvent aux plus faibles de **résister** aux plus forts.

| | |
|---|---|
| **Vocabulaire de la ruse (noms)** | mensonge, cachotterie, fourberie, manœuvre, piège, stratagème, tromperie, duperie, supercherie, ........................ |
| **Vocabulaire de la ruse (verbes)** | tromper, duper, berner, leurrer, contrefaire, embobiner, mystifier, arnaquer, ........................ |
| **Personnages rusés** | Sganarelle, Renard, Ulysse, Shéhérazade, ........................ |
| **Qualités et défauts** | intelligent, malin, fin, calculateur, finaud, stratège, ........................<br>fripon, scélérat, coquin, maraud, pendard, gredin, ........................ |

**Complétez le tableau avec vos propres exemples (au moins un mot par case).**

**1** **Soulignez les intrus dans les listes suivantes.**

1. artifice, feinte, roublardise, dissimulation, vantardise, astuce, falsification, signature
2. duper, arnaquer, jeter, mentir, fracturer, dissimuler, feindre, sembler, trahir
3. voleur, gredin, infâme, franc, droit, menteur, sournois

**2** **Associer chaque mot à son antonyme.**

| | |
|---|---|
| 1. se moquer • | • hypocrisie |
| 2. faux • | • fourbe |
| 3. honnête • | • respecter |
| 4. franchise • | • sincère |
| 5. stupide • | • malicieux |

**3** **Classez ces adjectifs appartenant au champ lexical de la ruse.**

rusé • machiavélique • futé • adroit • sournois • perfide • astucieux • habile • débrouillard • roublard • malin • manipulateur • hypocrite • fin

| Qualités | Défauts |
|---|---|
| ........................ | ........................ |
| ........................ | ........................ |

**4** J'APPLIQUE POUR ÉCRIRE **Complétez ces expressions liées à la ruse.**

1. Mener quelqu'un ........................
2. Rouler quelqu'un ........................
3. Faire porter ........................
4. Ne pas être né ........................
5. Malin comme ........................
6. Rusé comme ........................

# 74 Le vocabulaire de la création

- La création est l'**art de fabriquer** ou **d'inventer** quelque chose qui n'existe pas encore, comme dans l'art, la poésie, les récits de création du monde...
- Les **récits de création** sont des textes très anciens qui cherchent à expliquer comment le monde a été créé.

| | |
|---|---|
| **Récits de création** | Coran, Bible, Genèse, mythe fondateur, légende, symbole |
| **Croyances, religions** | polythéisme, monothéisme, religions juive, musulmane, chrétienne |
| **Autour de la création** | origine, univers, fécond, civilisation, commencement, naissance, façonner, exister, peupler |
| **Expressions** | la Terre promise, parler une seule langue, que la lumière soit, le fruit défendu, attendre le déluge |

**Créez une phrase en utilisant une expression du tableau.**

..................................................................................................

**1** **Trouvez d'autres mots de la même famille que *création*.**

Créativité, récréation, ..................................................................................

**2** **Complétez ces phrases avec les synonymes du verbe *créer*.**

fabriquer • produire • inventer • réaliser

1. Ulysse a .............................................. l'exploit de battre Poséidon à son propre jeu.
2. Tom Sawyer a dû .............................................. sa cabane dans les arbres, tout seul !
3. Jean de La Fontaine .............................. de nombreuses fables, dont « Le Rat et le Lion ».
4. Molière a .............................................. le personnage du faux médecin rusé.

**3** **Reliez les mots et leurs définitions en sachant que *théôs* vient du grec et signifie « dieu ».**

| | |
|---|---|
| 1. la théologie • | • Personne qui croit en un seul dieu. |
| 2. monothéiste • | • Récit qui explique la naissance des dieux. |
| 3. polythéiste • | • L'étude des faits religieux (d'après des textes sacrés). |
| 4. la cosmogonie • | • Personne qui croit en plusieurs dieux. |
| 5. la théogonie • | • Récit qui explique la création de l'univers. |

**4** **Trouvez les noms de la même famille que *genèse* à partir de leur définition.**

1. Ensemble de choses ou d'êtres d'une même époque. ..............................................
2. Étude des ancêtres d'une personne. ..............................................
3. Personne qui crée, qui invente des choses extraordinaires. ..............................................
4. Remettre à l'état d'origine. ..............................................

Grammaire | Conjugaison | Orthographe | Vocabulaire | Expression

# 75 MÉTHODE Comprendre les consignes en français

## ✔ J'observe la consigne

ÉTAPE 1

| Consigne simple | Consigne multiple | Énoncé |
|---|---|---|
| ↓ | ↓ | ↓ |
| Un seul verbe = une action | Plusieurs verbes = plusieurs actions | Données et éléments à prendre en compte |
| ↓ | ↓ | ↓ |
| **Soulignez** les adverbes. | **Soulignez** les noms et **encadrez** les déterminants. | **Relevez** les adjectifs qualificatifs dans ce texte. |

## ✔ J'identifie les éléments de la consigne

ÉTAPE 2

- Les **verbes** indiquent les actions à réaliser. soulignez, encadrez, expliquez
- Les **mots interrogatifs** précisent le type de réponse attendu.
  **Qui** aide Cendrillon ? **Comment** identifiez-vous le sujet ?
- Les **compléments** précisent sur quoi s'appuyer (texte, cours, réponse précédente…).
  Résumez le premier paragraphe du texte. Donnez un synonyme du mot en gras.

## ✔ Je comprends les différentes actions demandées

ÉTAPE 3

| | | | |
|---|---|---|---|
| **Classement** | classer, trier, hiérarchiser | **Création** | produire, créer, écrire, imaginer |
| **Observation** | observer, décrire, recopier | **Remplacement** | substituer, reformuler |
| **Repérage** | repérer, souligner, identifier, entourer | **Simplification** | résumer, simplifier, schématiser |
| **Explication** | justifier, analyser | **Restitution** | réciter, nommer, citer |

## ✔ Je respecte la forme attendue de la réponse

ÉTAPE 4

- Citez l'adjectif qui caractérise le héros à la ligne 7. → un **mot**.
- Faites une phrase avec un verbe attributif. → une **phrase**.
- Rédigez la suite du texte de l'exercice 5. → un **texte**.
- Dans un tableau, relevez les synonymes et leurs antonymes. → un **tableau**.

## J'APPLIQUE LA MÉTHODE

**1** a. **Lisez cette consigne. Quelles sont les trois actions à accomplir ? Encadrez les verbes.**
Lisez l'extrait de l'acte I, scène 1 du *Médecin malgré lui* de Molière pages 132 et 133 de votre manuel, puis, relevez les didascalies et recopiez-les dans le cahier.

b. **Sur quoi devez-vous vous appuyer ?** ……………………………………………………

c. **Quelle est la forme attendue ?** ……………………………………………………

# 76 Organiser un texte en paragraphes

Exercices en +
hatier-clic.fr/23c6113

- Un texte est découpé en parties appelées **paragraphes**. Chaque paragraphe est composé de plusieurs phrases.
- Ils sont séparés les uns des autres par des **retours à la ligne**. Ils peuvent être reliés entre eux par des **mots de liaison** (connecteurs logiques et temporels) qui montrent la progression de l'intrigue ou de la rédaction : *mais*, *tout d'abord*, *puis*, *enfin*, *ensuite*.
- Chaque paragraphe ne parle que d'**une seule idée importante** à la fois, ce qui permet de suivre plus facilement les explications ou les actions.
- Chaque paragraphe commence par un espace vide appelé **retrait** ou **alinéa**.

**1** **Lisez le texte suivant et répondez aux questions.**

Le poney est un cheval de petite taille qui a un tempérament particulier. Il a une crinière épaisse, une queue et un pelage denses, ainsi que des jambes courtes.

Les poneys ressemblent beaucoup aux chevaux. On prend en compte la taille pour définir un poney. Tout cheval de moins de 1,48 m de hauteur est classé « poney », afin de faciliter les compétitions officielles.

**a. De combien de paragraphes ce texte est-il constitué ? À quoi le voyez-vous ?**

..........

**b. Trouvez un titre exprimant l'idée principale pour chaque paragraphe.**

Paragraphe 1 : ..........

Paragraphe 2 : ..........

**2** **Découpez ce texte en cinq paragraphes (séparez-les par des traits) auxquels vous donnerez un titre. Soulignez les mots de liaison.**

Il était une fois une petite orpheline qui vivait chez sa belle-mère. Cette dernière et ses filles la détestaient et se moquaient d'elle sans arrêt. Elle était traitée comme une pauvre servante et traînait toute la journée dans la cendre, donc on l'appelait Cendrillon. Un soir, sa marraine lui permit d'aller au bal du roi en lui offrant une magnifique robe, un carrosse et des laquais. Il faut dire que cela lui était facile car c'était une fée. Aussitôt arrivée au château, elle entra dans la grande salle de bal et admira les lustres brillants et la vaisselle d'or. Elle croisa ses sœurs et sa belle-mère qui ne la reconnurent pas. Soudain, le fils du roi la vit et s'approcha d'elle. Il lui prit sa main et ne voulut plus danser avec quelqu'un d'autre. Ils restèrent à s'amuser toute la soirée. Enfin, les douze coups de minuit sonnèrent et la jeune fille dut rentrer. Elle s'enfuit en perdant l'une de ses chaussures en vair.

**1er §** De .......... à .......... Titre : ..........

**2e §** De .......... à .......... Titre : ..........

**3e §** De .......... à .......... Titre : ..........

**4e §** De .......... à .......... Titre : ..........

**5e §** De .......... à .......... Titre : ..........

# 77 Utiliser correctement la ponctuation

Exercices en +
hatier-clic.fr/23c6114

- Les signes de ponctuation sont indispensables à la compréhension du **texte écrit**.
- Il existe deux types de ponctuation :
  – la ponctuation **forte** marque la **fin** des phrases (point final, points d'interrogation et d'exclamation).
  – la ponctuation **faible** marque des **pauses** à l'intérieur des phrases (virgule, point-virgule, deux-points).

**Vérifiez que vous avez bien compris la leçon : complétez le tableau.**

| Ponctuation | Exemples |
|---|---|
| Le **point** termine les phrases déclaratives. | Le facteur distribue le courrier. |
| Le **point d'interrogation** termine les phrases interrogatives. | .................................................. .................................................. |
| Le **point d'exclamation** termine les phrases de forme exclamative. | Tu as réussi du premier coup ! |
| La **virgule** isole un groupe déplaçable dans la phrase ou sépare les termes d'une énumération. | Aujourd'hui, il mange des haricots, du poisson et un yaourt. |
| Le **point-virgule** sépare des propositions. | Elle arrive ; elle descend de la voiture. |
| Le **deux-points** introduit une explication, une citation ou une énumération. | .................................................. .................................................. |

**1** **Soulignez la ponctuation forte et surlignez la ponctuation faible.**

N'oubliez pas qu'une phrase commence toujours par une **majuscule** et se termine par une **ponctuation forte**.

1. Pour faire un délicieux dessert, recyclez vos brioches !
2. Placez les tranches de brioche dans un plat, après l'avoir généreusement beurré.
3. Mettez entre deux couches de brioche ce que vous souhaitez : chocolat ou confiture.
4. Avant de déguster, il faudra patienter pendant les 30 minutes de cuisson, au four, à 180 °C !

**2** **Proposez un signe de ponctuation aux endroits avec des pointillés.**

Connaissez-vous le mug-cake au chocolat .... Il suffit de faire fondre, dans une tasse .... 40 g de chocolat et 30 g de beurre .... Vous savez utiliser le micro-ondes .... Attention de ne pas vous brûler .... Ajoutez 20 g de farine .... 20 g de sucre .... un œuf et un peu de lait .... Faites cuire une minute trente et c'est prêt .... Bonne dégustation ....

**3** **Expliquez la différence de sens de ces phrases.**

1. On va manger, le chat ? / On va manger le chat ?

..................................................................................................................

2. Julie, apporte les feutres. / Julie apporte les feutres. ..................................................

3. Les abeilles piquent mon enfant. / Les abeilles piquent, mon enfant. ..........................................

4. « Cet homme, dit le médecin, est malade. »/ Cet homme dit : « Le médecin est malade. »

......................................................................................................................................................

**4** J'APPLIQUE POUR LIRE **Expliquez l'emploi des signes de ponctuation surlignés.**

La sonde Cassini a été conçue dans un but précis : étudier la planète Saturne, ses anneaux et ses satellites. En 1997, elle quitte la Terre ; elle n'arrive dans le système saturnien qu'en 2004. C'est la plus grosse sonde spatiale : elle pèse 5 853kg. Pour réussir sa mission, elle embarque 350 instruments : un analyseur de poussière cosmique, un magnétomètre et des caméras.

......................................................................................................................................................

......................................................................................................................................................

......................................................................................................................................................

......................................................................................................................................................

**5** J'APPLIQUE POUR ÉCRIRE **Réécrivez ce début de texte en replaçant les points et les majuscules.**

il dit bonsoir à tout le monde, allume une bougie, et gagne au fond du corridor, à droite, sa chambre nue et solitaire il se déshabille, se couche et attend la visite de madame Lepic elle le borde serré, [...] et souffle la bougie elle [...] ne lui laisse point d'allumettes et elle l'enferme à clef parce qu'il est peureux

D'après **Jules Renard**, *Poil de Carotte* (1894)

......................................................................................................................................................

......................................................................................................................................................

......................................................................................................................................................

......................................................................................................................................................

## DÉJÀ FINI ?

JEU **6** **Ponctuez ces deux phrases de deux façons pour obtenir deux sens différents.**

1. Paul dit le professeur est absent aujourd'hui.

......................................................................................................................................................

......................................................................................................................................................

2. Il a affirmé ensuite personne n'est rentré.

......................................................................................................................................................

......................................................................................................................................................

DÉFI ! **7** **Rédigez la suite du texte de l'exercice 5. Utilisez correctement chaque signe de ponctuation vu dans la leçon au moins une fois.**

......................................................................................................................................................

......................................................................................................................................................

......................................................................................................................................................

# 78 Utiliser le bon niveau de langue

Exercice en +
hatier-clic.fr/23c6116

- On distingue **trois niveaux de langue**.

| | | | |
|---|---|---|---|
| **Niveau familier :** entre amis | à l'**oral** | vocabulaire familier et syntaxe incorrecte | J'peux pas le faire. |
| **Niveau courant :** en classe, dans la vie courante | à l'**oral** et à l'**écrit** | vocabulaire plus précis, simple et syntaxe correcte | Je ne peux pas le faire. |
| **Niveau soutenu :** dans des textes littéraires, parfois des rédactions | à l'**écrit** | vocabulaire riche et syntaxe plus complexe | Je ne puis satisfaire à cette demande. |

**Vérifiez que vous avez bien compris la leçon : reliez les phrases à leur niveau de langue.**

1. Il est tombé amoureux d'elle. •
2. Elle m'a collé son poing dans le pif ! •
3. Soyez, je vous prie, ponctuel demain. •
4. Il se dépêche d'aller voir son copain. •

- **soutenu**
- **familier**
- **courant**

**1** **Placez ces mots et expressions dans le bon paquet.**

résider • habiter • crécher • sublime • trop cool • bien • las • crevé • fatigué • godasses • chaussures • souliers • dérober • voler • piquer • tu kiffes ? • apprécies-tu ? • est-ce que tu aimes ?

**2** **Complétez le tableau.**

| Niveau familier | Niveau courant | Niveau soutenu |
|---|---|---|
| déguster | .................... | souffrir |
| .................... | s'en aller, partir | .................... |
| .................... | .................... | œuvrer |
| .................... | tuer | .................... |
| .................... | voler | .................... |
| soulant | .................... | importun |
| baffe | .................... | .................... |

**3** Reconstituez trois phrases dans trois niveaux de langue différents en associant les groupes de mots. Précisez le niveau de langue de chaque phrase.

| | | |
|---|---|---|
| Le gosse | pourquoi il s'est mis | un postiche sur la tête ? |
| Je ne sais pas du tout | que cet homme arbore | après la baston. |
| Ne dirait-on pas | s'est barré | en colère. |

1. ....................
2. ....................
3. ....................

**4** J'APPLIQUE POUR LIRE **Soulignez les expressions et tournures familières. Puis réécrivez le texte dans un niveau courant ou soutenu.**

Il y avait un tas de monde dans la piscine. C'est très chouette, l'eau est toute bleue et il y a des plongeoirs terribles. Et puis, c'est très bien organisé, on a des cabines pour se déshabiller, et parce que c'est plus rigolo, on s'est tous mis dans la même cabine.

**Jean-Jacques Sempé**, *Histoires inédites du Petit Nicolas*, « La piscine » © IMAV éditions 2006

....................

....................

....................

**5** J'APPLIQUE POUR ÉCRIRE **Transformez ces phrases dans les niveaux demandés.**

1. Va chercher tes pompes. (*soutenu*) ....................
2. Se sustenter est un véritable plaisir. (*courant*) ....................
3. Marchons vite pour ne pas rater le train. (*familier*) ....................
4. Kil n'a pas eu de chance : il s'est cassé le bras. (*soutenu*) ....................
5. Ma bagnole elle brille, j'l'ai bien curée. (*courant*) ....................

## DÉJÀ FINI ?

JEU **6** **Résolvez cette charade.**

Mon premier comporte douze mois. ....................
Mon deuxième contient du lait chez La Fontaine. ....................
Mon troisième est une boisson chaude. ....................
Mon tout complète la phrase que vous devrez réécrire en niveau de langue courant.
**Phrase :** Mais quel .................... tu fais ! **Niveau courant :** ....................

DÉFI ! **7** **Réécrivez en langage courant cette fable inspirée de La Fontaine.**

La Cigale reine du hit-parade, ....................
Gazouilla durant tout l'été ....................
Mais un jour ce fut la panade ....................
Et elle n'eut plus rien à becqueter. ....................
Quand se pointa l'horrible hiver ....................
Elle n'avait pas même un sandwich. ....................

**Pierre Perret**, *Le Petit Perret des Fables* (1990), « La Cigale et la Fourmi » © Jean-Claude Lattès

# 79 MÉTHODE Construire des phrases correctes et éviter les répétitions

## ✔ Je vérifie la syntaxe de ma phrase

ÉTAPE 1

- Une phrase commence par une **majuscule** et se termine par une **ponctuation forte**.
  Le petit garçon marche dans la forêt.
- Chaque phrase doit comporter au moins un **sujet** et un **verbe**.
  **Il courut**. Dans les bois, **il rencontra** le loup.
- Il ne faut pas utiliser plus de **deux** ou **trois verbes conjugués** par phrase car la syntaxe risque d'être maladroite.

## ✔ Je reprends les éléments de la question

ÉTAPE 2

- Une phrase ne commence **jamais** par *oui* ou par *non*, ni par *car* ou *parce que*.
- La phrase de réponse doit **reprendre** une partie de la question.
  Quel est l'auteur qui a écrit « Le Petit Chaperon rouge » ? **L'auteur qui a écrit « Le Petit Chaperon rouge »** est Charles Perrault.

## ✔ J'adapte mon niveau de langue

ÉTAPE 3

- Le **langage courant** est souvent le plus adapté :
  - un vocabulaire usuel,
  - des tournures de phrase complètes (pas d'abréviations ou de mots manquants),
    Ce **n'**est **pas** le chemin au lieu de C'est pas le chemin.
  - toutes les marques de la négation (*ne... pas, ne... plus, ne... rien*).

## ✔ J'évite les répétitions

ÉTAPE 4

- Par le **même nom** avec un déterminant différent.
  Il a rencontré **une fille**. **Cette fille** est géniale !
- Par un **synonyme** : un mot de même sens ou de sens très proche.
  **Cette actrice** est formidable ! C'est **une artiste** reconnue dans le monde entier.
- Par un **pronom** à la place d'un nom.
  Je mange **des pommes**. Je **les** adore.
- Par une **périphrase** : remplacement d'un mot par une expression de même sens.
  **Paris** est une ville lumineuse ; **la capitale de la France** est magnifique.

## À RETENIR

**Quelques verbes à retenir pour éviter les répétitions**

- ✔ **avoir** : éprouver, obtenir, posséder, disposer, se procurer, ressentir...
- ✔ **dire** : affirmer, annoncer, confier, expliquer, prétendre, raconter...
- ✔ **être** : apparaître, sembler, devenir, exister, rester, avoir l'air...
- ✔ **faire** : construire, créer, entreprendre, émettre, fabriquer, réaliser...
- ✔ **il y a** : se dresse, se trouve, on devine, on remarque...

## JE VÉRIFIE QUE J'AI BIEN COMPRIS

**1** **a. Soulignez les mots de la question que vous devez reprendre dans votre réponse.**
**b. Rédigez une réponse.**

1. Dans quelles circonstances la Bête se métamorphose-t-elle ?

..................................................................................................

2. Quel est le roi qui a été guillotiné pendant la Révolution française ?

..................................................................................................

## J'APPLIQUE LA MÉTHODE

**2** **Reformulez correctement les réponses incorrectes en gras.**

1. Par quelle phrase commence ce conte ? **Par « Il était une fois ».**

..................................................................................................

2. Quel est le temps verbal utilisé dans cet extrait ? **L'imparfait.**

..................................................................................................

3. Y a-t-il des indices de temps et de lieu ? **Non.**

..................................................................................................

4. Quel objet le fils du roi doit-il rapporter ? **Une bague.**

..................................................................................................

**3** **Modifiez ces phrases pour que leur syntaxe soit correcte.**

1. Y faut qu'tu viennes. ..................................................................
2. On y va pas. ..................................................................
3. Qu'est-ce t'as dit ? ..................................................................
4. J'sais pas quoi dire. ..................................................................
5. Y en avait pas assez pour tout le monde. ..................................................................

**4** **Réécrivez les expressions soulignées en utilisant des verbes plus précis.**

1. Dans l'aquarium, il y a des poissons ..................................................................
2. Il y a des coquelicots .................................................... dans les champs.
3. Ce voyage était magnifique : il y avait tellement d'émotion ! ..................................

..................................................................................................

4. Il fut ........................................ rouge de honte.
5. Stéphanie était ........................................ imperturbable.
6. La solution à ce problème est ........................................ évidente.

**5** **Soulignez les répétitions. Proposez un autre nom, une périphrase ou un pronom.**

1. Zoé aime le soleil, le soleil apporte de la chaleur. ..................................................
2. Le bébé pleure. Le bébé a faim. ..................................................
3. Les loups sont des mammifères. Les loups sont fascinants. ..................................................

# 80 Rédiger un texte au passé (les temps du récit)

Exercices en + hatier-clic.fr/23c6120

- On peut employer **quatre temps** pour rédiger un texte au passé : trois temps simples (le passé simple, l'imparfait et le conditionnel), et un temps composé (le plus-que-parfait).
- Ils sont complémentaires et renvoient à des **moments différents** dans le passé.

**Plus-que-parfait**
= action antérieure à l'action principale
La neige **était tombée** la veille.

**Passé simple**
= action principale du récit
Ils **préparèrent** leurs luges.

**Imparfait**
= action secondaire du récit
Ils **étaient** excités !

**Conditionnel**
= action postérieure à l'action principale
Ils **iraient** dévaler les pentes après le dîner.

**Vérifiez que vous avez compris la leçon : mettez les verbes à leur place.**

commencèrent • atteindraient • avaient fini

1. La semaine précédente, les alpinistes …… leurs préparatifs.
2. Ils …… leur ascension le 4 avril.
3. Ils …… le sommet quatre jours plus tard.

Pour trouver le temps d'un verbe, observez-le : **temps simple** ou **temps composé** ?

**1 Soulignez les verbes conjugués au passé et précisez leur temps.**

1. Il savait qu'il n'arriverait au camp que le lendemain. ……
2. Il chevauchait depuis plusieurs heures quand il s'arrêta. ……
3. Il avait voulu venir alors qu'il était malade. ……
4. Il s'endormit pendant qu'il lisait. ……
5. Il voulait finir son travail quand ce serait l'heure du dîner. ……
6. Elle avait tellement révisé qu'elle réussit son examen du premier coup. ……
……

**2 Classez les actions des verbes soulignés sur l'axe du temps.**

1. Sherlock Holmes avait à peine terminé sa tasse de thé quand un client se présenta.
2. Il avait acquis une telle réputation que tout Londres se pressait à sa porte.
3. Il ouvrit la porte du 221B Baker Street sans savoir que ce nouveau client l'entraînerait dans des aventures périlleuses.
4. Dès qu'il avait pris connaissance des faits, il se mettait à réfléchir.

**Antériorité**
……
……
……

**Actions principales et secondaires**
……
……

**Postériorité**
……
……
……

**3** **Conjuguez les verbes aux temps du passé qui conviennent.**

Mon radeau (*être*) ............ alors assez fort pour porter un poids raisonnable, il ne (*s'agir*) .................. plus que de voir de quoi je le (*charger*) .................. et comment je (*préserver*) ........................ ce chargement du ressac de la mer. Je (*prendre*) ............ rapidement ma décision. J'y (*placer*) ............. tout d'abord trois coffres de matelots, que j' (*forcer*) .................. et (*vider*) ........................ Ils me (*servir*) .................... forcément pendant la traversée.

D'après **Daniel Defoe**, *Robinson Crusoé* (1729), traduit par Petrus Borel

**4** J'APPLIQUE POUR LIRE **Justifiez l'emploi des temps des verbes en gras.**

À la fin de la guerre de Troie, Ulysse **voulut** rentrer chez lui à Ithaque. Il avertit aussitôt ses compagnons et ils **préparèrent** ensemble le bateau. Un certain nombre de vérifications devaient être faites avant de partir. Ulysse remplissait d'eau et de nourriture les cales, deux hommes **s'occupaient** des voiles et un dernier **faisait** le tour du bateau pour s'assurer que tout était en ordre. Et le moment du départ **arriva**.

D'après **Homère**, *L'Odyssée*

voulut, préparèrent : ..............................................................................

s'occupaient, faisait : ..............................................................................

arriva : ..............................................................................

**5** J'APPLIQUE POUR ÉCRIRE **Réécrivez ce texte en transformant les verbes en gras aux temps du passé.**

Mon père **va** ...................... se coucher ; ma mère le **suit** ......................... . On **met** ............................. une paillasse pour moi dans un coin. Je **tombe** ............................ de fatigue et je **m'endors** .............................. ; mes parents en **font** ....................... autant. Mais nous nous **réveillons** ..................... tous les trois, par moments, au bruit que **font** ........................... nos intestins. Me mère **est** .................... du concert, comme les autres, – mais elle ne **cédera** ............................ pas. – C'est une femme de tête, ma mère.

**Jules Vallès**, *L'Enfant* (1878)

## DÉJÀ FINI ?

JEU **6** **Choisissez une carte et racontez à vos camarades ce que vous avez fait ce jour-là en utilisant les temps du passé.** 10 minutes

| Votre meilleure journée des dernières vacances | Votre pire journée du mois dernier | Le jour de vos 10 ans | Hier |
|---|---|---|---|

DÉFI ! **7** **Racontez la construction du radeau qui précède le passage donné dans l'exercice 3. Utilisez les temps du passé.** ..............................................................................

..............................................................................

..............................................................................

..............................................................................

..............................................................................

# 81 Écrire un dialogue dans un récit

Exercices en + hatier-clic.fr/23c6122

- Écrire un **dialogue** dans un **récit** permet de le rendre plus vivant, plus animé.
- La **présentation** d'un dialogue obéit à des **règles**.

Guillemets au début et à la fin du dialogue

Tiret pour chaque nouvelle prise de parole

L'entraîneur demanda :
« Qui veut participer au championnat de natation ?
– Moi je suis prête, répondit Sofia.
– Je préfère attendre l'année prochaine, dit Ahmed, je serai meilleur. »

Phrases avec un verbe de parole

- Le verbe de parole (*demander, dire, répondre, déclarer, s'écrier…*) peut être placé **avant le dialogue** ou **à l'intérieur du dialogue**, avec inversion du sujet.

**1** **Rétablissez la ponctuation marquant le dialogue. Soulignez un verbe de parole.**

.... Comment Blanquette, tu veux me quitter ! ....
Et Blanquette répondit :
.... Oui, monsieur Seguin.
.... Est-ce que l'herbe te manque ici ?
.... Oh ! non ! monsieur Seguin.
.... Tu es peut-être attachée de trop court, veux-tu que j'allonge la corde ?
.... Ce n'est pas la peine, monsieur Seguin. ....

**Alphonse Daudet**, *Lettres de mon moulin* (1887), « La chèvre de Monsieur Seguin »

**2** **Complétez ce dialogue avec des tirets, des guillemets et des verbes de parole.**

.... De quel droit viens-tu boire à côté de moi ? .................. le loup à l'agneau.
... Mais je ne fais que boire, .................. l'agneau.
... Toi et tous les tiens vous moquez de moi, je le sais de source sûre ! .................. le prédateur.
... Mais, je viens de naître !
... Si ce n'est toi, c'est l'un de tes frères !
... Je vous assure de mon innocence et…
... Tais-toi ! .............. l'animal féroce. ....

D'après **Jean de La Fontaine**

**3** **Complétez par des verbes de parole différents et un sujet inversé.**

1. « Que faisiez-vous cet été ? », ..............................................................
2. « Voulez-vous encore un peu de vin ? », ..............................................................
3. « Je vous avais interdit de lancer des marrons », ..............................................................
4. « Reviens, je voudrais m'excuser », ..............................................................
5. « Que la fête commence ! », ..............................................................

**4** **Transformez les phrases suivantes en phrases de dialogue.**

1. La cigogne dit au renard de partager avec elle son repas.

.................................................................................................................................

2. La grenouille affirma qu'elle voulait se faire plus grosse qu'un bœuf.

.................................................................................................................................

3. Le directeur annonça que Louis et Rajah étaient les grands gagnants du concours.

.................................................................................................................................

4. Elles crièrent qu'elles avaient raté le bus.

.................................................................................................................................

**5** J'APPLIQUE POUR LIRE **Surlignez les verbes de parole. Soulignez les paroles du renard.**

> Un renard s'étant glissé dans un troupeau de moutons prit un des agneaux à la mamelle et fit semblant de le caresser. Un chien lui demanda : « Que fais-tu là ? – Je le cajole, dit-il, et je joue avec lui. – Lâche-le tout de suite, s'écria le chien ; sinon, je vais te faire des caresses de chien. »
>
> La fable s'applique au fourbe et au voleur maladroit.
>
> **Ésope**, *Fables* (VI^e s. av. J.-C.), « Le renard et le chien », traduit du latin par E. Chambry

**6** J'APPLIQUE POUR DIRE **Inventez un dialogue de quelques répliques entre deux personnes qui débattent de l'intérêt de se nourrir sainement. Les répliques seront introduites par les verbes suivants : *nier*, *rétorquer*, *s'inquiéter*, *suggérer*, *s'écrier*, *renoncer*.**

**7** J'APPLIQUE POUR ÉCRIRE **Écrivez cette histoire en insérant les dialogues dans le récit.**

**Roba**, *Billets de Bill* (1987) © Roba/Dupuis

# 82 Décrire un lieu, un personnage, un objet

- Dans un récit, une description présente un **lieu**, un **objet**, un **personnage** (on parle alors de **portrait**)…
- Elle est au **présent** ou à l'**imparfait** (si le texte est au passé).
- Une description comporte :

| | |
|---|---|
| Des indications de **lieu** (adverbes et groupes nominaux) | ici, près de, derrière, devant, à gauche |
| Des verbes de **position** | dominer, s'étendre, entourer |
| Des adjectifs épithètes pour préciser les éléments de **taille**, **couleur**, **forme**, **physique**, **moral** | un cheval robuste, une jeune fille courageuse, un manoir délabré |
| Des informations qui touchent aux **cinq sens** : lumières et couleurs, odeurs, bruits, goûts… | sentir, percevoir, entendre, senteur, lumineux, amertume |
| Des **comparaisons** et **métaphores** | moelleux comme un coussin, rusé comme un renard, un caractère de cochon |
| Des **champs lexicaux** | forêt : arbres, feuilles, sentier, abattre, tropicale |

**1** **Soulignez les indications de lieu.**

pendant trois jours • ici • souvent • en Asie • parfois • au moment de partir • autrefois • au milieu du jardin • sur le chemin • jamais • près du tien • dans le Midi • hier • dans la cour • chez moi • demain

Pour trouver une indication de lieu, posez la question ***où*** ?

**2** **Associez chaque mot au sens auquel il se rapporte (plusieurs possibilités parfois).**

dur • aigu • friable • bon • écœurant • inaudible • mauvais • exquis • étouffé • savoureux • strident • mou • pointu • perçant • ferme • piquant • dégoûtant

**Le goût**
……………………………
……………………………
……………………………
……………………………

**Le toucher**
……………………………
……………………………
……………………………
…………

**L'ouïe**
……………………………
……………………………
……………………………
……………………………

**3** **Transformez ces expressions afin qu'elles prennent une connotation positive.**

Ex : un palais **en ruine** : un **riche** palais

1. des vitres jaunâtres : ……………………………………………………
2. une odeur âcre : ……………………………………………………
3. des couleurs criardes : ……………………………………………………
4. une cabane délabrée : ……………………………………………………

**4** **Complétez les groupes nominaux avec des adjectifs positifs et négatifs.**

| | Adjectifs positifs | Adjectifs négatifs |
|---|---|---|
| une maison | accueillante ........ | délabrée ........ |
| un chien | ........ | ........ |
| une mer | ........<br>........ | ........<br>........ |
| un sentier | ........ | ........ |
| un visage | enjoué ........ | balafré ........ |

**5** **Trouvez le maximum d'adjectifs pour qualifier les noms suivants.**

1. le ciel : ........
2. le paysage : ........
3. une ambiance : ........
4. l'apparence physique : ........

**6** J'APPLIQUE POUR LIRE **Soulignez les mots et expressions qui décrivent le singe. Encadrez deux comparaisons et une métaphore.**

> Sa taille ne dépassait pas celle d'une noix de coco. Sa courte fourrure en avait la couleur. Ainsi vêtu depuis les orteils jusqu'au sommet du crâne, il semblait en peluche. Seul le museau était couvert par un loup en satin noir à travers lequel brillaient deux gouttes : les yeux. [...]
>
> Ce regard était libre de crainte, de méfiance et aussi de curiosité. [...]
>
> Puis la tête en peluche, grosse comme un poing d'enfant au berceau, s'infléchit sur le côté gauche. Les yeux sages prirent une expression de tristesse, de pitié.
>
> **Joseph Kessel**, *Le Lion* (1958), première partie, chapitre 1 © Gallimard

**7** J'APPLIQUE POUR ÉCRIRE **Décrivez un animal de votre choix, à la manière de Kessel (exercice 6). Ne le nommez pas et faites-le deviner à votre voisin.**

Sa taille ........

Seul le bec/museau ........

Ce regard ........

Puis la tête ........

## DÉJÀ FINI ?

JEU **8** **Imaginez des expressions descriptives comprenant des comparaisons amusantes.**

Ex : des mains grosses comme des pelles

........

........

DÉFI ! **9** **Dessinez votre jeu ou jouet d'enfance préféré et rédigez sa description.** 15 minutes

........

........

# 83 Lire un texte à voix haute

- La lecture à voix haute est un exercice de **communication** important. Le **test de fluence**, en début de 6e, évalue votre capacité à lire à voix haute environ 120 mots par minute.
- La lecture à voix haute ne s'improvise pas. Elle nécessite de l'**entraînement** pour :
  – parler d'une **voix forte**, soigner l'**articulation** et faire les liaisons ;
  – varier la **vitesse de lecture** en fonction de la longueur des phrases et de l'effet souhaité ;
  – **respirer** en respectant la ponctuation ;
  – varier le **volume de la voix** en fonction des émotions ;
  – faire entendre les **différentes voix** dans un dialogue ;
  – anticiper le **changement** de ligne, de personnage, de page.

**1** **Lisez ce texte : encadrez la ponctuation et soulignez les changements de personnages.**

Je rassemblai mon courage, passai le seuil de la porte, et marchai droit vers notre homme qui, appuyé sur sa béquille, parlait à un consommateur.

« Monsieur Silver ? demandai-je, en lui tendant le message.

– Oui, mon garçon, dit-il, c'est bien mon nom. Et qui es-tu ? En voyant la lettre du chevalier, il me sembla qu'il réprimait un haut-le-corps.

– Ah ! dit-il en élevant la voix et en me tendant la main, je comprends. Tu es notre nouveau garçon de cabine, très heureux de faire ta connaissance. »

Et il me donna une énergique poignée de main.

À ce moment précis, l'un des clients se leva brusquement et gagna la porte. Elle était près de lui et, en une seconde, il fut dans la rue. Mais sa hâte avait attiré mon attention et je le reconnus d'un coup d'œil. C'était l'homme au visage blême auquel il manquait deux doigts et qui, le premier, était venu à l'Amiral-Benbow.

« Oh ! m'écriai-je, arrêtez-le ! C'est Chien-Noir ! »

**Robert Louis Stevenson**, *L'Île au trésor* (1883), chap VIII, traduit de l'anglais par André Bay


**2** J'APPLIQUE POUR LIRE **Auto-évaluez-vous avec cette grille.**

| Critères d'évaluation | 🙂 | 😐 | 🙁 |
|---|---|---|---|
| Je lis sans suivre avec mon doigt | | | |
| Je lis avec fluidité, sans hésitation | | | |
| Je lis sans oublis | | | |
| Je lis sans erreurs | | | |
| Je lis en articulant | | | |
| Je lis avec une voix suffisamment forte | | | |
| Je lis en faisant des pauses | | | |
| Je lis en respectant la ponctuation | | | |
| Je lis en effectuant les liaisons | | | |
| Je lis en regardant le public | | | |
| Je lis avec des intonations différentes | | | |
| Je lis en changeant les voix des personnages | | | |

# 84 BILAN Expression écrite

Écoutez le texte hatier-clic.fr/23c6127

▶ Vérifiez que vous avez bien compris les Fiches 22 à 25 avant de traiter ce bilan.

*Dans une réserve en Afrique, le narrateur a rencontré la fillette Patricia et le lion King.*

Le soir venait quand Patricia gravit en courant les marches de ma hutte. Les joues lisses de la petite fille étaient toutes brunes de soleil et toutes roses de plaisir. King lui avait montré une tendresse plus vive encore que de coutume. C'était, Patricia en avait la certitude, pour lui faire pardonner la grossièreté, la méchanceté des lionnes.

Je laissais bavarder Patricia tout son gré. Mais, comme elle prenait congé de moi, je lui dis :

– Il faudra bientôt que je parte, vous le savez ?

Elle eut soudain des yeux tristes et répondit à voix basse :

– Je le sais bien... C'est la vie. [...]

La figure de la petite fille, si confiante et si tendre un instant plus tôt, s'était refermée, durcie, ensauvagée.

**Joseph Kessel**, *Le Lion* (1957), 2e partie, chap. XI © Gallimard

**1** **De combien de paragraphes ce texte est-il constitué ? Qu'est-ce qui vous l'indique ?** 3 POINTS

**2** **Mettez entre crochets les paroles prononcées par l'un des personnages. Qu'est-ce qui vous les indique ?** 3 POINTS

**3** **Ce texte est-il écrit au présent ou au passé ? Justifiez votre réponse.** 3 POINTS

**4** **Relevez les mots ou expressions liés aux sentiments.** 6 POINTS

Sentiments positifs : ……

Sentiments négatifs : ……

**5** J'APPLIQUE POUR ÉCRIRE **Rédigez la suite de ce texte : la fillette propose que le narrateur rencontre King une dernière fois.** 9 POINTS

JE SAIS COMPRENDRE ET RÉDIGER UN TEXTE

**Ma note globale : ………/ 24**

- entre 0 et 8 points : à consolider
- entre 9 et 16 points : maîtrisé
- entre 17 et 24 points : dépassé

# 85 Dictée préparée — Expression écrite

▶ Le texte que va vous dicter votre professeur s'appuie sur les notions travaillées dans les Fiches 76 à 78. Vérifiez que vous les avez bien comprises avant de commencer la dictée.

## JE RÉVISE ET JE PRÉPARE LA DICTÉE

**1 Réécrivez en ajoutant la ponctuation correcte.** ▶ Fiches 76 et 77

1. Elle lui a dit Eh bien félicitations Joachim Tu dois être content n'est-ce pas

..........................................................................................

2. Je ne suis pas sûre de venir dit-elle C'est très loin de chez moi

..........................................................................................

**2 Réécrivez ces phrases dans les niveaux de langue demandés.** ▶ Fiche 78

1. **Niveau familier :** C'était chouette. Elle est super sympa.

**Niveau courant :** ..........................................................................................

**Niveau soutenu :** ..........................................................................................

2. **Niveau courant :** Elle m'a dit : « Tu es content ? »

**Niveau soutenu :** ..........................................................................................

3. **Niveau courant :** On a été très étonnés par cette nouvelle.

**Niveau soutenu :** ..........................................................................................

**3 Recopiez ces mots :** Geoffroy • Joachim • une voix • n'importe qui.

..........................................................................................

## J'ÉCRIS LA DICTÉE

Écoutez la dictée
hatier-clic.fr/23c6128

..........................................................................................

..........................................................................................

..........................................................................................

..........................................................................................

..........................................................................................

..........................................................................................

..........................................................................................

## JE RELIS MA DICTÉE

- **Première relecture** Je vérifie la ponctuation du dialogue, les majuscules.
- **Deuxième relecture** Je vérifie les accords avec les sujets et les attributs du sujet.

## SE CORRIGER EN BINÔME

Je **souligne** mes erreurs dans la dictée et je les **corrige** dans le tableau. En binôme je réfléchis à ce que je dois **vérifier** pour ne plus les refaire.

| LES MOTS CORRIGÉS | COMMENT NE PLUS REFAIRE CES ERREURS |
|---|---|
| | |


Achevé d'imprimer en France par Imprimerie IPS à Pacy-sur-Eure    Dépôt légal : 09696-7/05 – juin 2024